Das super Spiel-Spaß-Ideenbuch

Illustriert von Peter Judson

In diesem Buch findest du 256 tolle Aktivitäten und Ideen gegen Langeweile, die dir garantiert Spaß machen. Von einem selbst angelegten Golfparcours und vielen Spielen mit deinen Freunden bis hin zur Herstellung von Schleim und der Erfindung eines eigenen Brettspiels – hier ist für jeden etwas dabei!

Für jede große Aktion gibt es klare Schritt-für-Schritt-Anleitungen.

Wird für eine Aktivität viel Material benötigt, wird dieses zu Beginn aufgelistet.

Jede Idee trägt eine Nummer, sodass du sie im Buch schnell wiederfinden kannst.

Top Tipps geben dir zusätzliche Informationen oder Ratschläge.

Spannende Zusatzinformationen sind über das ganze Buch verteilt.

247 Feuerspucker
Aus sieben Pappbechern kannst du dir einen tollen Drachen basteln. Stich mit einem spitzen Stift kleine Löcher in die Seiten jedes Bechers. Verwende Musterklammern, um die einzelnen Becher zusammenzuhalten. Klebe dem ersten Kulleraugen auf, male Maul und Nase mit einem wasserfesten Stift und benutze weißes Papier für die Zähne. Klebe zuletzt noch Pfeifenputzer an die Nasenlöchern.

248 Blumenzucht
Fülle einen Becher mit Erde und Samen. Gieße regelmäßig und beobachte deine Pflanze beim Wachsen. Mach ein Loch in den Boden, damit das Wasser abfließen kann.

249 Rumba-Rassel
Fülle einen Becher mit getrockneten Bohnen oder Reis. Setze einen zweiten verkehrt herum darauf und klebe die beiden Becher mit Klebeband zusammen. Bemale die Becher – fertig sind deine Maracas!

250 Bechertelefon
Bohre jeweils ein Loch in den Boden zweier Becher. Nimm eine lange Schnur und ziehe jedes Ende durch ein Loch. Verknote die Schnur. Wenn du die Schnur straff ziehst und in den Becher sprichst, wird dein Freund dich im anderen Becher hören.

Kreisch!

251 Bechernasen
Male die Nasen und Schnäbel verschiedener Tiere auf weiße Pappbecher. Setze dir die Becher auf die Nase und verwandle dich in die lustigen Tiere!

SPIEL UND SPASS ... MIT ... PAPPBECHERN

4 Hole das Bündel aus der Färbelösung und spüle es unter dem Wasserhahn mit warmem Wasser aus, bis sich keine Farbe mehr löst. Hänge dein T-Shirt zum Trocknen auf.

3 Weiche das Bündel 10–30 Minuten in der Färbelösung ein, je nachdem, wie intensiv du die Farbe haben möchtest.

Sonne
1 Ziehe den Stoff im Zentrum des T-Shirts etwas nach oben und binde ihn mit einem Gummiband ab.

2 Setze dies mit dem dahinter folgenden Stoff fort und binde ihn etwa alle 2,5 cm mit einem Gummiband ab.

109

253 Haarreif-dekoration
Schneide Zacken in den Becherrand und klebe Pompons auf die Spitzen. Befestige dann den Becher an einem Haarreif und schon ist dein Krönchen fertig.

254 Meeresbewohner
Mit ein bisschen Farbe und einer Schere kannst du einen Pappbecher in einen achtarmigen Tintenfisch verwandeln! Rolle die Papptentakeln mithilfe eines Stifts auf und male dem Tier Augen und ein Lächeln.

255 Pompon-Popper
Schneide den Boden eines Bechers und den oberen Teil eines Luftballons ab. Mach einen Knoten in das Ende des Luftballons und stülpe ihn über die Becherunterseite. Lege Mini-Pompons in den Becher und ziehe an dem Knoten.

256 Becherflip
Stelle einen Becher auf die Kante eines Tischs. Schnipse mit dem Finger gegen den Boden des Bechers, um ihn in einem Salto fliegen zu lassen. Gelingt es dir einige Becher auf diese Weise ineinanderzustapeln?

Der Becher sollte sich in der Luft einmal kopfüber drehen.

153

Wichtiger Hinweis für Eltern

Manche Aktionen in diesem Buch benötigen womöglich die Hilfe oder Kontrolle von Ihnen als Eltern, je nachdem wie alt und geschickt Ihr Kind ist. Stellen Sie immer sicher, dass Ihr Kind altersgerechte Werkzeuge benutzt und bieten Sie notfalls Ihre Hilfe an, um die Sicherheit Ihres Kindes zu gewährleisten. Der Verlag übernimmt keine Haftung für Verletzungen, Verluste oder Schäden an Personen oder Eigentum in Zusammenhang mit vorgeschlagenen Aktionen.

Lass deiner Fantasie freien Lauf!

Das Schloss ist ein Symbol, das bedeutet, dass du selbst kreativ werden sollst. Entwickle eigene Ideen und lass dich nicht von den Vorschlägen im Buch einschränken – deine Fantasie ist grenzenlos!

Achtung!

Das Warnsymbol zeigt dir, dass du an dieser Stelle die Hilfe und Aufsicht eines Erwachsenen benötigst. Beachte diese Symbole innerhalb des gesamten Buchs!

Passe hier besonders auf:

■ Wenn scharfe Gegenstände wie Scheren, Messer, Reißzwecken, Nadeln oder Kabel benötigt werden.

■ Wenn Hitze (Backofen) ins Spiel kommt.

■ Wenn Flecken entstehen können, wie z. B. bei der Herstellung von Schleim.

■ Wenn die Aktion nicht in deinem sicheren Zuhause stattfindet. Es ist wichtig, immer die Umgebung im Blick zu haben.

■ Wenn ein Spiel oder eine Aktion in der Dunkelheit oder draußen bei Nacht stattfindet.

① DIE FAHNE EROBERN

In diesem Geländespiel geht es sowohl um Geschwindigkeit als auch um strategisches Denken. Ziel ist es, die Fahne des anderen Teams zu stehlen und in das eigene Lager zu bringen, ohne dabei gefangen zu werden. Bildet zwei Teams mit jeweils mindestens vier Spielern, wählt ein großes Gelände in der Natur und es kann losgehen!

Verteidiger

Eine Strategie ist es, dein Team in zwei Gruppen aufzuteilen: Angreifer und Verteidiger. Die Verteidiger bleiben auf der Seite ihres Teams und versuchen Angreifer des anderen Teams abzuwehren.

Wenn du es unerkannt auf die andere Seite geschafft hast, verstecke dich, bis du die Chance siehst, dir die Fahne zu schnappen.

Die Fahne zu bewachen oder zu nah an ihr stehen zu bleiben, ist gegen die Regeln.

Fahne

Es geht im wahrsten Sinne des Wortes um die Eroberung der Fahne – daher der Name des Spiels! Verteidige sie mit allen Mitteln. Das Spiel ist vorbei, wenn ein Team es schafft, die Fahne auf die eigene Seite zu bringen.

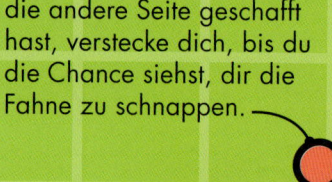

Halte deine Augen offen, ob ein Angreifer unerkannt die Linie überschritten hat.

Gefängnis

Es gibt zwei „Gefängnisse", auf jeder Seite eines. Wenn ein Spieler gefangen wurde, muss er dorthin und warten, bis er von den anderen befreit wird.

Noch zu einfach?

Dann kannst du die Ansprüche erhöhen ...

Spielt mit versteckten Fahnen. Ein kleiner Zipfel darf aber zu sehen sein.

⚠ Fragt um Erlaubnis, das Spiel nachts mit Stirnlampen zu spielen.

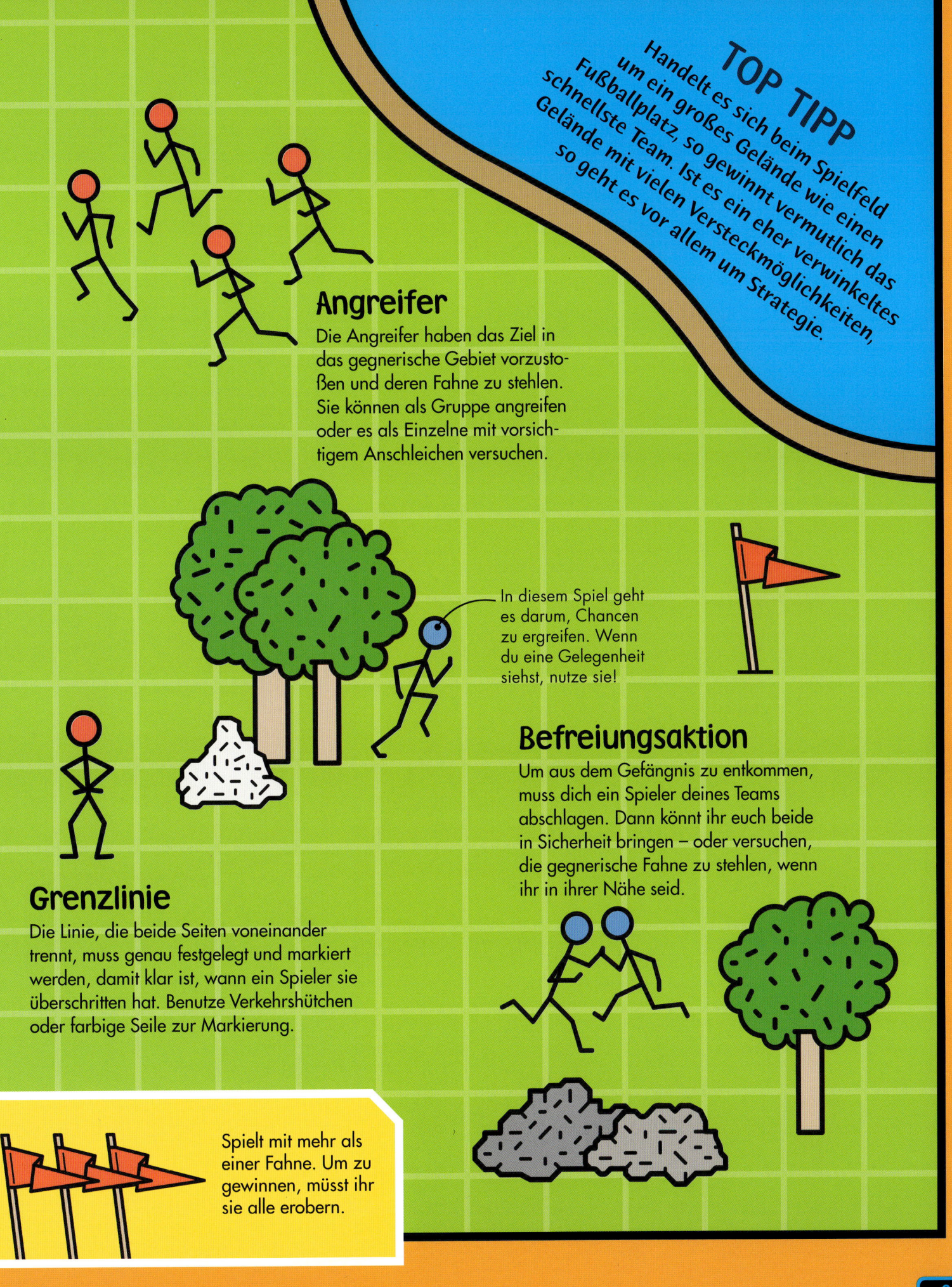

TOP TIPP

Handelt es sich beim Spielfeld um ein großes Gelände wie einen Fußballplatz, so gewinnt vermutlich das schnellste Team. Ist es ein eher verwinkeltes Gelände mit vielen Versteckmöglichkeiten, so geht es vor allem um Strategie.

Angreifer

Die Angreifer haben das Ziel in das gegnerische Gebiet vorzustoßen und deren Fahne zu stehlen. Sie können als Gruppe angreifen oder es als Einzelne mit vorsichtigem Anschleichen versuchen.

In diesem Spiel geht es darum, Chancen zu ergreifen. Wenn du eine Gelegenheit siehst, nutze sie!

Befreiungsaktion

Um aus dem Gefängnis zu entkommen, muss dich ein Spieler deines Teams abschlagen. Dann könnt ihr euch beide in Sicherheit bringen – oder versuchen, die gegnerische Fahne zu stehlen, wenn ihr in ihrer Nähe seid.

Grenzlinie

Die Linie, die beide Seiten voneinander trennt, muss genau festgelegt und markiert werden, damit klar ist, wann ein Spieler sie überschritten hat. Benutze Verkehrshütchen oder farbige Seile zur Markierung.

Spielt mit mehr als einer Fahne. Um zu gewinnen, müsst ihr sie alle erobern.

FANGEN

Das Spiel Fangen kennst du bestimmt! Alles, was du brauchst, ist ein großes Spielfeld und ein paar Mitspieler. Hier sind fünf lustige Ideen, wie du das Spiel aufpeppen kannst.

2 Zombie

Wählt einen aus eurer Gruppe aus, der der ächzende „Zombie" ist. Die „Menschen" müssen vor ihm wegrennen, um nicht von ihm berührt zu werden. Wenn ein „Mensch" von einem „Zombie" angefasst wird, wird er ebenfalls einer. Der Gewinner des Spiels ist der letzte „Mensch", der noch nicht in einen „Zombie" verwandelt wurde.

5 Amöbe

In diesem Spiel werden zwei Personen ausgewählt die Amöbe zu sein. Sie müssen sich an der Hand halten und versuchen, andere Spieler wie eine Amöbe einzuschließen. Jeder, der gefangen wurde, muss sich der Amöbe anschließen, sodass die Kette der Spieler wächst. Wenn sie vier Spieler umfasst, können diese zusammenbleiben oder sich in zwei Paare aufteilen. Sie können sich jederzeit wieder vereinen. Das Spiel ist zu Ende, wenn alle Spieler gefangen sind.

Eine Amöbe ist ein winziges Lebewesen, das Bakterien frisst, indem es sie einschließt und verdaut.

4 Einfrieren

Wähle eine Person aus, die die anderen jagt. Wenn sie jemanden berührt hat, muss dieser „einfrieren". Er darf sich nicht bewegen, bis ihn ein anderer Spieler durch Berührung befreit. Anschließend kann er wieder mitspielen. Erst wenn alle Spieler gleichzeitig „eingefroren" sind, hat der Fänger das Spiel gewonnen.

Nimm einen Schal oder ein Tuch als Drachenschwanz.

3 Kettenbrechen

Für dieses Spiel werden mindestens sechs Spieler benötigt, die sich in zwei Teams aufteilen. Zu Beginn bildet jedes Team eine Kette, indem sie die Arme einhaken. Beide Teams stehen sich gegenüber.

Dann ruft eine Mannschaft den Namen eines Mitspielers aus dem gegnerischen Team: „Der Kaiser schickt seine Kämpfer aus. Diesmal schickt er XY." Die genannte Person muss nun versuchen, die gegnerische Kette an irgendeiner Stelle zu durchbrechen. Gelingt es ihr nicht, muss sie sich der gegnerischen Mannschaft anschließen.

Schafft sie es, kann sie einen der Spieler, an deren Stelle sie die Kette durchbrochen hat, mit in ihr Team nehmen.

Die Teams wechseln sich beim Versuch des Kettenbrechens ab. Das Spiel endet, wenn alle in einer Kette vereint sind.

6 Drache

Es gibt mindestens zwei Teams mit jeweils vier Leuten. Jedes Team bildet eine Kette, indem sich die Spieler an der Hüfte des Vordermanns festhalten. Der vorderste Spieler ist der Kopf des Drachen, der hinterste der Schwanz. Der letzte Spieler lässt einen Schal aus seiner Hosentasche hängen. Ziel ist es, dass der Kopf des einen Teams den Schal des anderen Teams schnappt, während alle Spieler in der Kette vereint bleiben. Wenn ein Drache auseinanderbricht, können diese Spieler keine anderen Drachen jagen, bis sie wieder eine Kette bilden. Verliert ein Team seinen Schal bzw. Schwanz, scheidet es aus. Das letzte verbleibende Team ist der Sieger.

TOP TIPP

Wenn du eine kurze Pause brauchst, rufe laut „Auszeit" – jeder bleibt dann, wo er ist, bis du dich erholt hast. Dann kann das Spiel weitergehen.

⑦ GESCHICHTEN SCHREIBEN

Möchtest du die nächste J. K. Rowling werden? Dann nimm einen Stift zur Hand und bringe deine Fantasie auf Papier!

Wichtig ist, dass der Ort der Handlung zur Geschichte passt.

Entscheide dich für eine Gattung

Es könnte hilfreich sein, dich erst für eine Literaturgattung zu entscheiden, bevor du mit dem Schreiben beginnst. Soll es eine Fantasy-Erzählung werden, ein Krimi oder eine Abenteuer-geschichte? Es gibt unzählige Möglichkeiten!

Fantasy

Science-Fiction

Krimi

Abenteuer

Handlungsort

Als Nächstes musst du entschei-den, wo die Handlung spielen soll. Wie wäre es mit einem Fried-hof für eine Geistergeschichte, eine verlassene Insel für einen Abenteuerbericht oder ein Schloss für ein Märchen? Natürlich kann sich der Handlungsort im Lauf der Erzählung ändern.

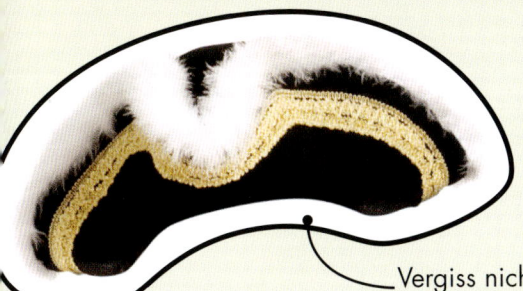

Vergiss nicht zu beschreiben, welche Kleidung deine Charaktere tragen. So kann der Leser sie sich besser vorstellen.

Wähle deine Charaktere

Jede Geschichte benötigt besondere Charaktere. Entscheide dich für eine Anzahl und bestimme die Hauptpersonen. Ähneln sie Menschen, die du kennst?

Die Handlung

Nachdem du Gattung, Ort und Personen festgelegt hast, musst du dir nun die Handlung der Geschichte ausdenken.

- Manchmal ist der Anfang das Schwierigste. Wenn du erstmal die ersten Zeilen geschrieben hast, kommt der Rest von ganz alleine.

- Wenn dir die Ideen ausgehen, lies ein paar Seiten deines Lieblingsbuchs. Finde heraus, was du an dieser Geschichte magst und wie du etwas Ähnliches schreiben kannst.

- Einige der besten Geschichten beinhalten eine unerwartete Wende. Gerade wenn sie gegen Ende eintritt, kannst du deine Leser überraschen.

- Denk dir einen Titel aus, der den Inhalt der Erzählung perfekt trifft. Versuche ihn möglichst spannend zu formulieren, damit die Leute deine Geschichte lesen wollen.

Vielleicht trägt einer deiner Charaktere eine Maske, um seine Identität zu verbergen.

Lies dein Werk Familie und Freunden vor

Wenn du mal mit dem Schreiben begonnen hast, bitte deine Freunde und Familie, sich deine Geschichten anzuhören. Vielleicht haben sie Verbesserungsvorschläge oder eine super Idee für eine Fortsetzung!

THEATER

Inszeniere ein Theaterstück! Dafür brauchst du deine Freunde und Fantasie. Hier sind einige Ideen, die dir helfen können, ein Stück auf die Bühne zu bringen.

8

Text

Der Text legt fest, was in dem Stück passiert und was die einzelnen Personen sagen. Wovon handelt deine Inszenierung?

9

Requisiten

⚠️ Für jedes Theaterstück benötigst du Kostüme und Gegenstände (Requisiten), um es realistisch erscheinen zu lassen. Du kannst diese kaufen oder selber basteln, so wie diese:

Krone

Wenn Könige oder Königinnen in deinem Stück vorkommen, brauchen sie Kronen, damit man sie erkennt.

1 Nimm ein langes Stück Pappe, das um deinen Kopf passt. Schneide an einer Seite dreieckige Zacken aus.

2 Male bunte Edelsteine auf die Krone und verbinde deren Enden mit Klebestreifen.

Schwert

Vorgetäuschte Kämpfe sehen mit einem Schwert sehr viel realistischer aus!

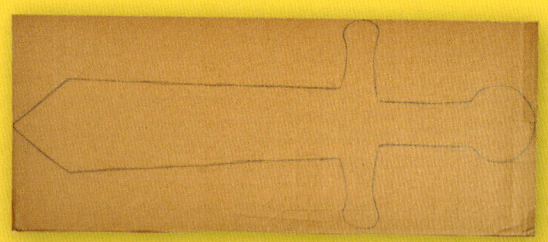

1 Zeichne ein Schwert auf Karton und schneide es aus.

2 Verziere es mit Farbe und Alufolie.

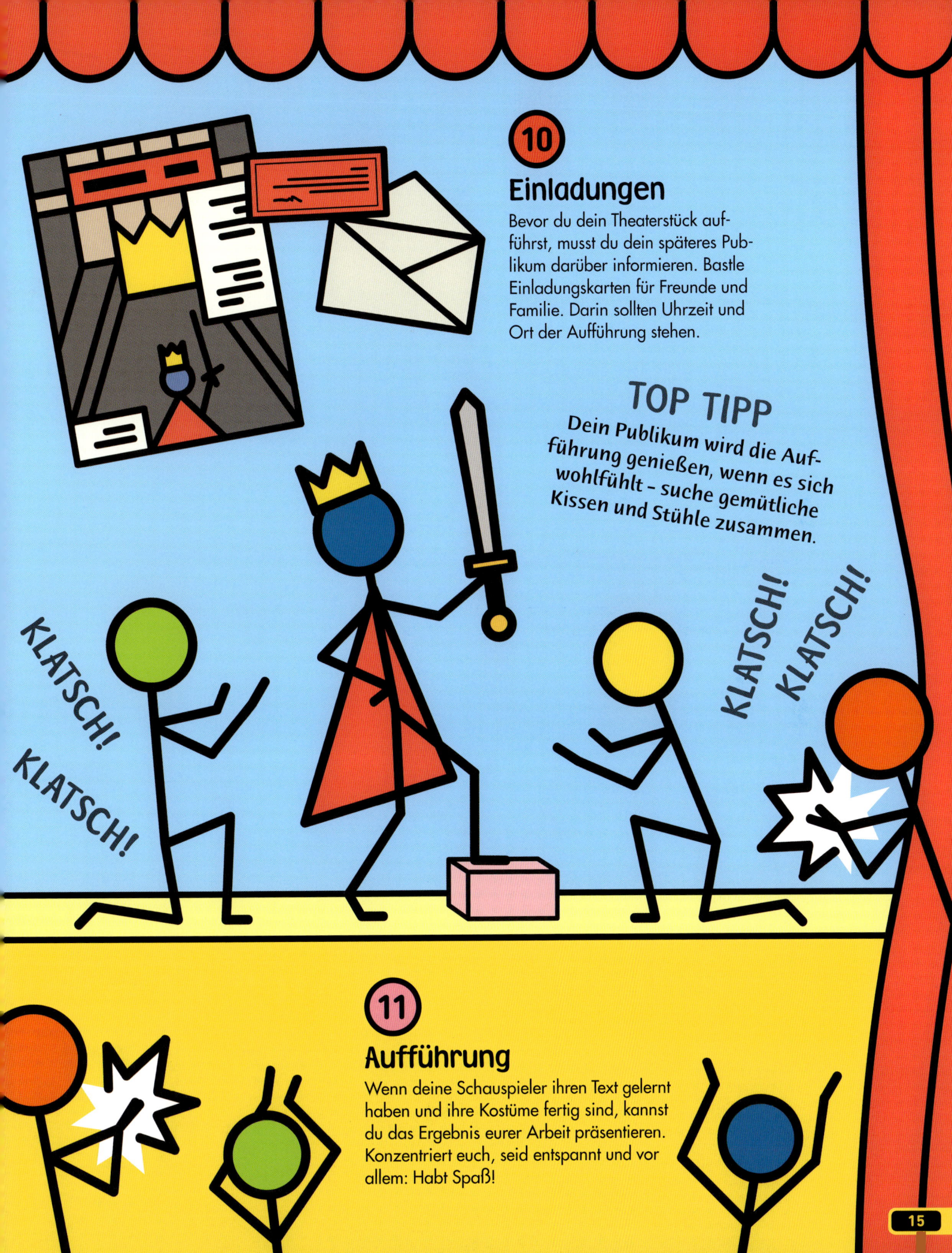

10 Einladungen

Bevor du dein Theaterstück aufführst, musst du dein späteres Publikum darüber informieren. Bastle Einladungskarten für Freunde und Familie. Darin sollten Uhrzeit und Ort der Aufführung stehen.

TOP TIPP

Dein Publikum wird die Aufführung genießen, wenn es sich wohlfühlt – suche gemütliche Kissen und Stühle zusammen.

KLATSCH!

KLATSCH!

KLATSCH!

KLATSCH!

11 Aufführung

Wenn deine Schauspieler ihren Text gelernt haben und ihre Kostüme fertig sind, kannst du das Ergebnis eurer Arbeit präsentieren. Konzentriert euch, seid entspannt und vor allem: Habt Spaß!

TANZ PARTY

Ein ruhiger Tag? Versuche etwas Bewegung hineinzubringen und veranstalte deine eigene Tanzparty! Du brauchst Musik und ein oder zwei Freunde als Tanzpartner. Denke dir ein paar verrückte Tanzschritte aus. Hier sind ein paar Anregungen.

13 Rasenmäher

Dieser Tanz umfasst vier Schritte. Starte zuerst den imaginären Rasenmäher, indem du von unten nach oben ziehst, als ob du einen Motor starten würdest. Tue so, als ob du den Mäher vor dir herschieben würdest, halte deine Arme vor deiner Brust. Wische dir den Schweiß von der Stirn. Zum Schluss leere das Gras aus, indem du es über die Schulter wirfst.

Die alten Ägypter nutzten Symbole, Hieroglyphen genannt, zum Schreiben.

12 Armwelle

Diese Bewegung sieht aus, als würde sich eine Energiewelle in dir ausbreiten. Strecke deine Arme rechts und links aus, als würdest du ein „T" formen. Beuge dein Handgelenk, dann deinen Ellbogen. Hebe zuerst deinen Ellbogen und dann deine Schulter. Senke deine Schulter wieder und hebe deine andere Schulter. Wiederhole die Bewegungen mit dem anderen Arm. Damit die Welle überzeugend aussieht, solltest du dich möglichst fließend bewegen.

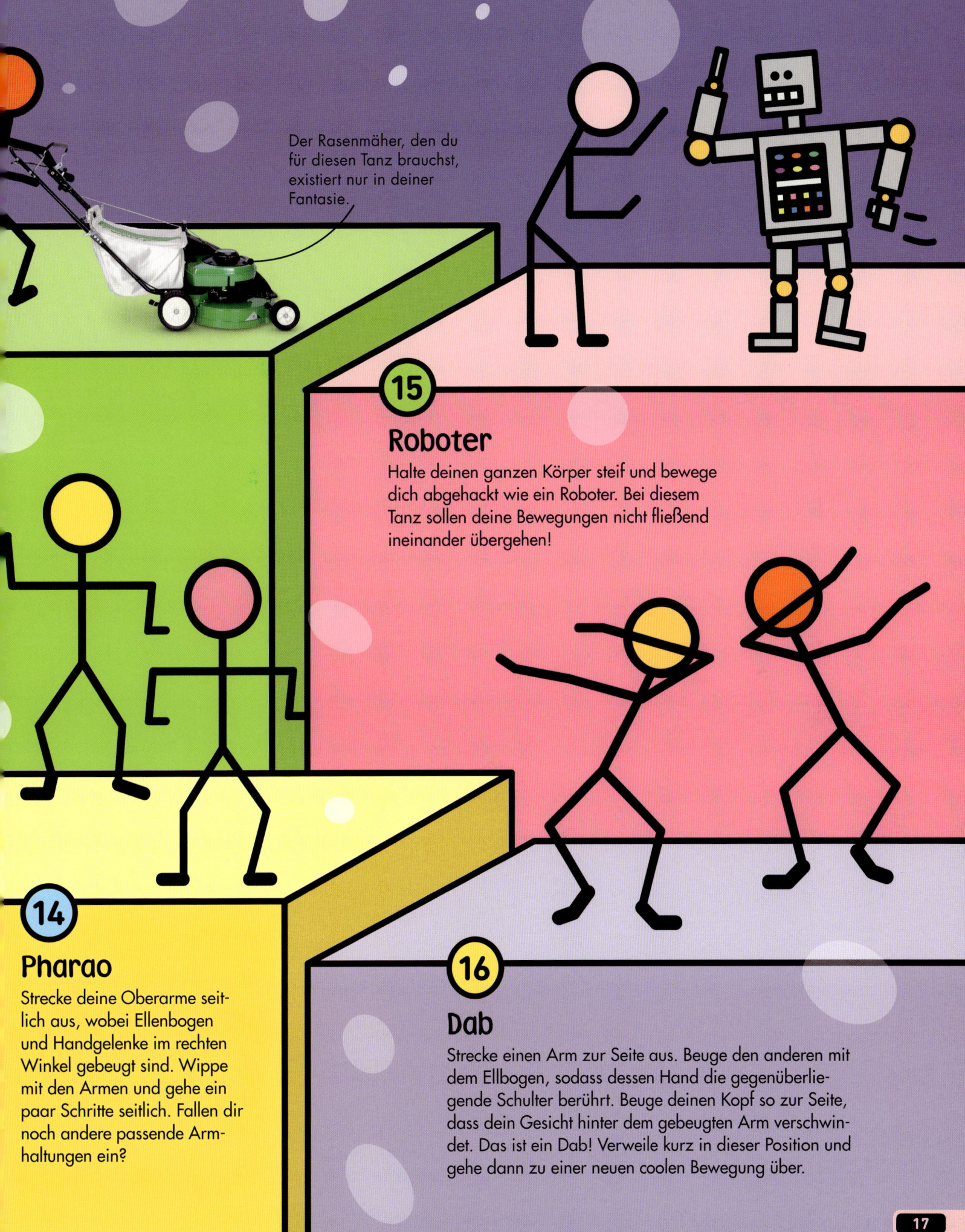

Der Rasenmäher, den du für diesen Tanz brauchst, existiert nur in deiner Fantasie.

15 Roboter

Halte deinen ganzen Körper steif und bewege dich abgehackt wie ein Roboter. Bei diesem Tanz sollen deine Bewegungen nicht fließend ineinander übergehen!

14 Pharao

Strecke deine Oberarme seitlich aus, wobei Ellenbogen und Handgelenke im rechten Winkel gebeugt sind. Wippe mit den Armen und gehe ein paar Schritte seitlich. Fallen dir noch andere passende Armhaltungen ein?

16 Dab

Strecke einen Arm zur Seite aus. Beuge den anderen mit dem Ellbogen, sodass dessen Hand die gegenüberliegende Schulter berührt. Beuge deinen Kopf so zur Seite, dass dein Gesicht hinter dem gebeugten Arm verschwindet. Das ist ein Dab! Verweile kurz in dieser Position und gehe dann zu einer neuen coolen Bewegung über.

START

ZIEL!

17 Schwimmnudel-Tunnel

Nimm ein paar Schwimmnudeln und biege sie zu Halbkreisen. Baue sie hintereinander zu einem Tunnel auf. Sichere die Nudelenden mit Zeltheringen am Boden (natürlich nicht, wenn du in einem Innenraum spielst!).

Krabble durch den Tunnel aus Schwimmnudeln, ohne diesen zu berühren.

22

Reifenrennen

Lege fünf Hula-Hoop-Reifen in Richtung Ziellinie auf den Boden. Steige in den ersten Reifen, hebe ihn auf und über deinen Körper, bevor du ihn wieder auf den Boden legst. Wiederhole dies mit den anderen vier Reifen.

BAUE DEINEN EIGENEN HINDERNIS-PARCOURS

Für den Bau eines Hindernisparcours brauchst du viel Platz. Suche eine weite Fläche im Garten, Park oder in einem großen Raum. Hier sind ein paar erste Ideen. Wie schnell schaffst du den Durchlauf?

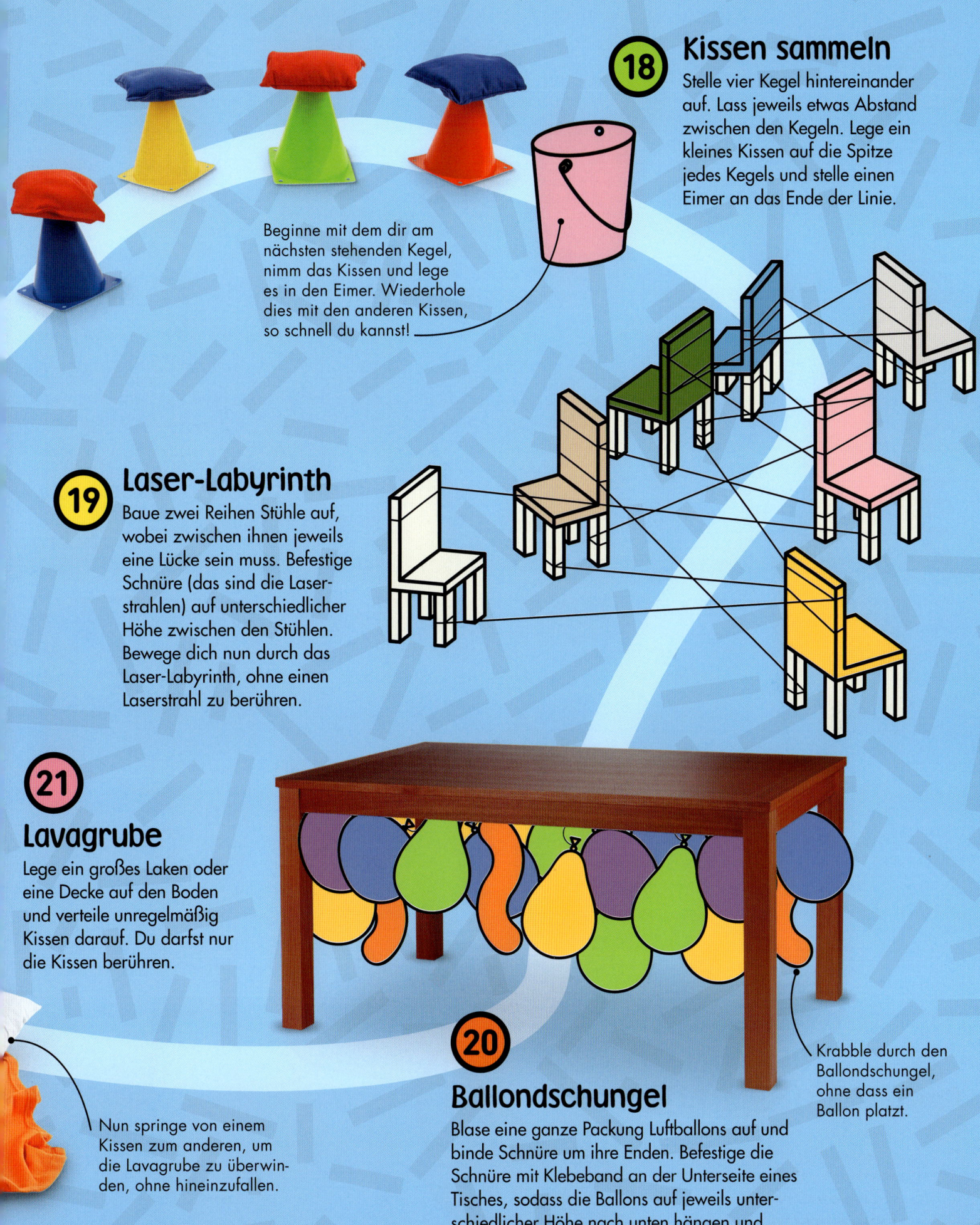

Kissen sammeln

18 Stelle vier Kegel hintereinander auf. Lass jeweils etwas Abstand zwischen den Kegeln. Lege ein kleines Kissen auf die Spitze jedes Kegels und stelle einen Eimer an das Ende der Linie.

Beginne mit dem dir am nächsten stehenden Kegel, nimm das Kissen und lege es in den Eimer. Wiederhole dies mit den anderen Kissen, so schnell du kannst!

Laser-Labyrinth

19 Baue zwei Reihen Stühle auf, wobei zwischen ihnen jeweils eine Lücke sein muss. Befestige Schnüre (das sind die Laserstrahlen) auf unterschiedlicher Höhe zwischen den Stühlen. Bewege dich nun durch das Laser-Labyrinth, ohne einen Laserstrahl zu berühren.

Lavagrube

21 Lege ein großes Laken oder eine Decke auf den Boden und verteile unregelmäßig Kissen darauf. Du darfst nur die Kissen berühren.

Nun springe von einem Kissen zum anderen, um die Lavagrube zu überwinden, ohne hineinzufallen.

Ballondschungel

20 Blase eine ganze Packung Luftballons auf und binde Schnüre um ihre Enden. Befestige die Schnüre mit Klebeband an der Unterseite eines Tisches, sodass die Ballons auf jeweils unterschiedlicher Höhe nach unten hängen und einen Dschungel bilden.

Krabble durch den Ballondschungel, ohne dass ein Ballon platzt.

MACH LIMONADE

⚠️ **1** Limonade zu machen, ist wirklich einfach. Schneide zuerst fünf Zitronen in der Mitte durch und presse ihren kompletten Saft in eine große Schüssel oder Karaffe.

2 Füge 100 g Zucker und 500 ml Wasser hinzu und verrühre das Ganze, bis sich der Zucker aufgelöst hat.

3 Stelle das Getränk für einige Stunden im Kühlschrank kalt und serviere es im Anschluss. Du kannst Minzblätter für einen besonders frischen Geschmack hinzufügen.

PROBIER'S AUS

Wenn du mit verschiedenen Geschmacksrichtungen experimentieren möchtest, kannst du mit anderen Früchten eigene Rezepte kreieren.

BAUE EINEN LIMONADEN-STAND

Ein eigener Limonadenstand ist eine gute Gelegenheit, deine Geschäftstüchtigkeit zu testen. Verkaufe deine frische selbstgemachte Limonade und spende das erworbene Geld für einen guten Zweck!

Stelle noch ein paar zusätzliche Becher bereit.

⚠️ Bitte einen Erwachsenen beim Aufbau des Limonadenstands um Hilfe. Wähle einen sicheren Ort.

Finde einen guten Standort

Dein Limonadenstand muss dort stehen, wo viele Menschen auf ihn aufmerksam werden.

Leckere Limonade!

Alle Einnahmen werden gespendet!

Locke Kunden an

Mache Kunden auf dich aufmerksam! Rufe laut (aber nicht zu laut) und sei freundlich.

Ladenkasse

Sammle dein Geld in einer Schachtel. Am Anfang brauchst du vielleicht ein wenig Wechselgeld, falls Kunden es nicht passend haben.

Spende deine Einkünfte

Erzähle deinen Kunden, dass du deine Einnahmen für einen guten Zweck spenden möchtest. Darauf kannst du stolz sein.

FRISCHE LIMONADE

1€ pro GLAS

Kunden sollten den Preis der Limonade leicht erkennen.

Preisschild

Schreibe ein einfaches Preisschild, damit jeder weiß, was du zu welchem Preis verkaufst.

PUPPENTHEATER

Es gibt viele lustige Arten, wie du dir Puppen für ein Figurentheater selbst basteln kannst. Wenn du ein paar Figuren fertiggestellt hast, ist es Zeit für eine Aufführung. Baue ein provisorisches Theater, suche dir ein Publikum und präsentiere dein Bühnenstück!

26 Sockenpuppen

Für eine einfache Handpuppe reicht eine alte Socke. Befestige zwei Kulleraugen am Ende der Socke. Nun stecke deine Hand in die Socke und führe deine Finger und deinen Daumen auseinander und zusammen. So bringst du deine Puppe zum Sprechen.

25 Papp-Puppen

 Mit ein bisschen Pappe und ein wenig Fantasie kannst du alle möglichen Arten von Puppen herstellen. Schneide am unteren Ende Löcher in die Figuren und benutze deine Finger als Beine!

Verstecke dich hinter einem Tisch und laufe mit deinen Fingern über die Tischplatte.

Versuche deine Finger zu strecken.

Manche Figuren benötigen vielleicht vier Finger als Beine.

Dekoriere deine Puppe mit witzigen Mustern.

27
Löffelpuppen

⚠ Nimm dir einen hölzernen Kochlöffel und male ihn bunt an. Schneide aus Papier Arme und Ohren aus und klebe sie an den Löffel. Klebe Kulleraugen auf, nimm einen Pompon als Nase und Wollfäden als Haare.

Fledermaus

28
Fingerpuppen

⚠ Es gibt zwei Wege, eine Fingerpuppe zu basteln. Du kannst zwei gleiche Teile aus einem Material ausschneiden und an den Seiten zusammenkleben oder einfach die Fingerstücke eines alten Handschuhs abschneiden. Gestalte die Puppe, wie es dir gefällt: Sie kann eine Person, ein Tier oder ein Monster darstellen.

29
Schattenpuppen

⚠ Richte eine Lampe gegen deine Hände, um einen Schatten auf eine helle Wand dahinter zu werfen. Je nachdem, wie du deine Hände hältst, kannst du Schattenbilder, die wie Tiere aussehen, an die Wand werfen. Du kannst auch Formen aus Pappe ausschneiden und sie hinter ein weißes, von hinten beleuchtetes Laken oder Papier halten, um ein Schattentheater zu erzeugen.

Dieser Hase wurde aus Papier ausgeschnitten.

FRUCHTMONSTER

⚠️ Magst du Obst? Diese Monster-Kunstwerke sind aus Früchten gemacht und schmecken so gut wie sie aussehen. Wasche JEDE Frucht gut ab und bitte einen Erwachsenen beim Aufschneiden um Hilfe.

30 Pinguin Polly

1 Nimm eine mittelgroße Banane und schneide an einem Ende ein Viertel so ab, dass der Rest aufrecht stehenbleibt.

TOP TIPP
Bevor du anfängst: Händewaschen nicht vergessen!

2 Schäle die Banane an drei Seiten und schneide die Schale vorne ab. So entsteht der Bauch des Pinguins.

3 Schneide zwei Fußformen aus dem oberen bzw. unteren Teil einer Orange und lege sie vor die Banane. Stecke zwei Zahnstocher mit Rosinen so in das obere Bananenende, dass zwei Augen entstehen.

31 Fruchtiger Fred

1 Schneide vorsichtig wie abgebildet drei Einkerbungen in deine Birne. Das werden Freds Augen und Mund.

2 Stecke zwei kleine Früchte, z. B. Himbeeren oder Rosinen, in die Augenhöhlen. Kürbiskerne werden die Zähne deines Monsters.

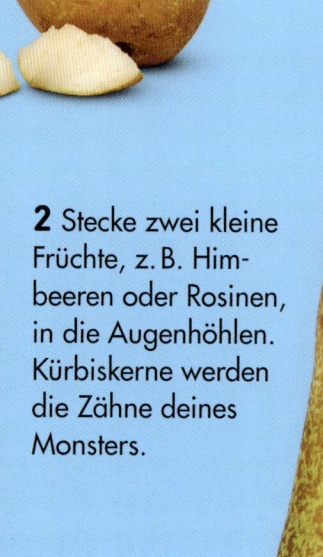

Verwende ein Stück Orangenschale als Zunge.

Nimm Zitronen-
schalen als Augen-
brauen und stecke
auf jede Orangen-
scheibe eine
Rosine als Pupille.

Benutze Zahnstocher
zum Fixieren der
Früchte.

(32) Hungriger Hugo

1 Der weit aufgerissene Mund
ist Hugos Merkmal, denn er
kann unheimlich viele Früchte
verschlingen. Dafür musst du
eine große zackige Form aus
der unteren Hälfte einer Melone
ausschneiden.

2 Gestalte mit Früchten
und Zahnstochern Hugos
Gesicht. Fülle eine bunte
Mischung aus Fruchtstücken
in seinen Mund und du
kannst ihn servieren!

(33) Gemeiner Gerd

Als Augen:
Traubenschei-
ben mit Granat-
apfel-Pupille

1 Nimm einen Apfel und
schneide ein Viertel heraus.

2 Schneide vorsichtig eine dünne
Scheibe aus dem Apfelstück.

3 Benutze die Scheibe einer Erdbeere,
um eine Zunge zu formen, und einige
Kürbiskerne als Zähne.

34 Angelrute

⚠️ Benutze Klebeband, um eine Schnur an einem Stock zu befestigen. Bitte einen Erwachsenen, einen Köder am anderen Ende der Schnur zu befestigen.

Vielleicht kannst du einen Fisch dazu verführen, an deinem Köder zu knabbern.

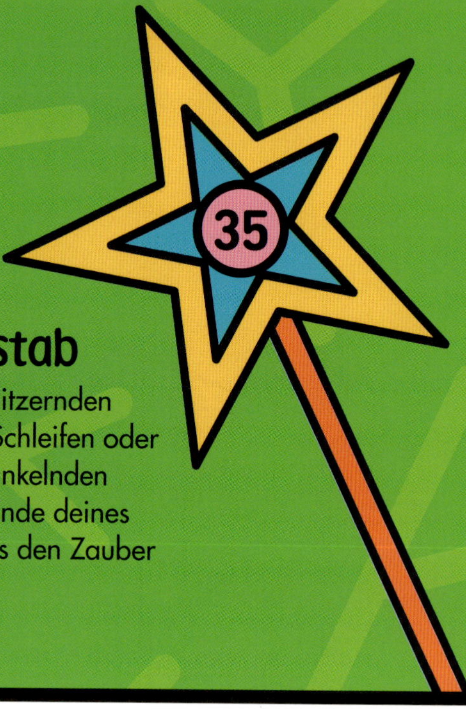

35 Zauberstab

Klebe einen glitzernden Stern, einige Schleifen oder sogar einen funkelnden Stein an das Ende deines Stocks und lass den Zauber beginnen.

SPIEL UND SPASS

38 Stockpuppe

Stecke Ästchen in Knete. Verziere die Puppe mit Knöpfen und Kulleraugen. Wenn du eine ganze Truppe bastelst, kannst du mit ihnen ein Theaterstück aufführen.

39 Beutel am Stock

Du möchtest wandern gehen und dir fehlt noch eine Tasche dazu? Lege alles, was du brauchst, in ein quadratisches Tuch, knote dessen Enden zusammen und binde sie an einen Stock. Und nun über die Schulter damit und los geht's!

40 Fahne hoch

Gestalte eine helle, farbige Fahne so, dass sie dich, deine Familie oder deine Schule repräsentiert. Klebe sie an einen Stock und schwenke sie, wann immer dir danach ist!

36
Wettrennen

Bist du mit deinen Freunden in der Nähe eines Flusses? Dann sucht nach Stöcken und werft sie jeweils gleichzeitig von der einen Seite einer Brücke. Welcher kommt als erster unter der anderen Seite der Brücke hervor?

Glaubst du, ein dicker Stock ist scheller?

37
Mikado

Nehmt eine Handvoll kleiner Stöckchen. Lasst sie in einem Haufen auf den Boden fallen und versucht abwechselnd einen nach dem anderen aufzuheben, ohne die anderen zum Wackeln zu bringen. Sollten sie sich doch bewegen, ist der nächste dran. Gewinner ist am Ende der mit den meisten Stöckchen.

MIT ... STÖCKEN

41
Hüttenbau

Du suchst einen Ort zum Lesen? Oder um dich zu verstecken? Dann baue dir eine Hütte. Du brauchst viele Äste in unterschiedlichen Größen und ein Stück Schnur.

Binde zwei Äste über Kreuz zusammen und lege den längsten Ast auf die Gabel.

Stütze andere Astpaare entlang des Hauptastes aneinander.

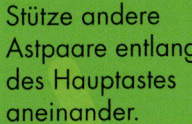

42
Staffellauf

Bildet zwei Teams für einen Staffellauf! Jeder Mitspieler muss eine kurze Runde laufen, bevor er den Stock an den nächsten in der Reihe abgibt. Welches Team ist am schnellsten?

Bedecke deine Hütte mit Gras und Blättern.

GRÜNDE EINEN CLUB

Hast du schon mal darüber nachgedacht, einen Club zu gründen? In einem Club kannst du dich mit deinen Freunden regelmäßig treffen, um dich über gemeinsame Interessen auszutauschen. Ihr könnt Spiele spielen oder über eure Lieblingsbücher sprechen!

43 Finde ein Clubhaus

Ihr braucht einen Ort, an dem ihr euch treffen könnt. Finde ein Clubhaus, z. B. ein Baumhaus. Es kann aber auch ein gemütlicher Platz zu Hause sein. Dekoriere den Ort mit Kissen und Gegenständen, die mit eurem Club zu tun haben, etwa mit Postern, Büchern oder Spielzeug.

44 Geheimzeichen

Mit einem bestimmten Handschlag oder einem anderen Geheimzeichen können sich die Mitglieder eines Clubs begrüßen, ohne dass jemand anderes die Bedeutung kennt. Lege eine geheime Bewegungsabfolge fest, z. B. Handschlag, Fingerzeichen, Faust an Faust. Je komplizierter, desto besser!

Erwachsene verboten!

TOP TIPP

Clubs machen keinen Spaß, wenn jemand ausgeschlossen wird. Lass jeden, der will, mitmachen (außer Erwachsene)!

45

Fertige Mitgliedskarten

Viele Clubs händigen ihren Mitgliedern Mitgliedskarten aus. Du kannst aus Pappe, mit Buntstiften und Kleber eigene herstellen. Darauf muss der Name, die Nummer und ein Foto oder eine Zeichnung des Mitglieds zu sehen sein.

Spion-Club

Name:
Johannes

Mitgliedsnummer
007

Probier's aus:

Überlege, welche Art Club du ins Leben rufen möchtest. Was sind deine Hobbys? Wer würde gerne Mitglied in deinem Club werden?

Fossilien-Freunde

DER ASTRONOMIE-CLUB

Magst du es, nachts die Sterne zu beobachten? Gründe einen Astronomie-Club!

Comedy-Club

Wissenschafts-Truppe

In einem Forscher-Club könntet ihr Experimente machen.

Skateboard-Club

Theater Club

Pizza-Palast

Vorspeise
Köstlicher Reissalat mit Paprika, Frühlingszwiebeln, Mais und Granatapfel

Hauptspeise
Lustige Pizzagesichter

Nachspeise
Super-Eisbecher Obstsalat

Speisekarte

Bevor dein Restaurant den Betrieb aufnimmt, musst du eine Speisekarte schreiben. So weiß jeder, was es beim jeweiligen Gang zu Essen gibt.

Überlege dir einen tollen Namen für dein Restaurant und schreibe ihn auf die Karte.

Nimm Brokkoli-röschen für die Haare.

Jeder Gang soll sich appetitlich anhören. Du willst ja viele Gäste anlocken.

Du kannst auch Bilder von deinen Gerichten malen.

Ein Streifen Paprika formt ein perfektes Lachen.

47

Menü

Bereite das Essen vor, bevor die Gäste kommen, sodass du später nicht mehr allzu viel zu tun hast. Hier sind ein paar einfache Rezepte zum Ausprobieren.

⚠ Reissalat

1 Bitte einen Erwachsenen, dir beim Reiskochen zu helfen.

2 Schneide Paprika und Frühlingszwiebeln in kleine Scheiben. Ein Erwachsener kann dir dabei helfen.

3 Mische Reis, Paprika und Frühlingszwiebeln in einer Schüssel, füge Granatapfelkerne und Mais hinzu. Fertig ist die Vorspeise!

Augen können aus Zucchinischeiben und Oliven gemacht werden.

TOP TIPP

Erkundige dich nach möglichen Allergien deiner Gäste. Vermeide dann entsprechende Zutaten.

⚠ Pizzagesichter

1 Kaufe fertige Pizzaböden und bestreiche sie mit Tomatensoße.

2 Nimm Zutaten wie Käse, Paprika und Tomaten zum Gestalten der Pizzagesichter.

3 Backe die Pizzas nach Packungsanleitung im Ofen. Lass sie von einem Erwachsenen herausholen.

Super-Eisbecher

1 Entscheide, welche Sorten du in deinem Eisbecher haben möchtest. Schokolade, Vanille und Erdbeere sind eine gute Kombination.

2 Serviere drei oder vier Kugeln in einem Becher oder einem Schüsselchen.

3 Füge Toppings wie Streusel oder Nüsse und abschließend ein wenig Karamellsoße hinzu. Dieses Eis werden alle lieben!

ERÖFFNE EIN LOKAL

⚠ Obstsalat

1 Wähle verschiedene Obstsorten wie Erdbeeren, Himbeeren, Orangen, Kiwis und Trauben aus.

2 Frage einen Erwachsenen, ob er dir beim Schneiden der Früchte helfen kann.

3 Mische alles zusammen und serviere deinen kunterbunten Obstsalat.

48

Bedienung!

Sei freundlich und höflich zu deinen Gästen, wenn du ihre Bestellungen aufnimmst. Vielleicht bekommst du ein Trinkgeld!

SIND WIR BALD DA?

49

Ich sehe was ...

Dies ist ein Ratespiel. Ein Mitspieler beginnt, indem er sagt: „Ich sehe was, was du nicht siehst und das beginnt mit ..." Die Lücke wird mit dem Anfangsbuchstaben eines Gegenstandes gefüllt, den du durch das Fenster sehen kannst. Die Mitspieler müssen den Gegenstand dann erraten. Wer richtig rät, kommt als Nächster dran. Das Spiel funktioniert besonders gut im Verkehrsstau!

51

Assoziationsspiel

Der erste Spieler beginnt damit, ein Wort zu nennen. Dann muss jeder reihum ein Wort hinzufügen, das man mit dem vorhergehenden in Verbindung bringt, z.B. Salat, Blatt, Baum, Vogel, Ei. Sage das Erste, was dir in den Sinn kommt. Wer zu lange wartet oder ein Wort wiederholt, scheidet aus!

50

Geschichten erzählen

In diesem Spiel denkt ihr euch eine eigene Geschichte aus. Die erste Person beginnt mit „Es war einmal ..." Dann muss jeder Spieler der Reihe nach einen Satz zur Geschichte hinzufügen. Die Länge der Geschichte ist offen und meist endet sie sehr lustig!

52

Zählspiel

Ziel ist es, möglichst schnell von 1 bis 20 zu zählen. Jede Person kann bis zu drei Zahlen hintereinander nennen. Weil die Spieler nicht wissen, wann die anderen sprechen werden, werden sie sich gelegentlich ins Wort fallen. Wenn das passiert, müssen alle von vorn anfangen. Wer die Zahl 21 nennt, hat verloren.

53

Alphabetspiel

Sucht zuerst eine Kategorie wie Tiere, Autos, Namen oder Früchte aus. Die Spieler müssen nun der Reihe nach das Alphabet durchgehen und so viele Dinge aus ihrer Kategorie nennen wie möglich. Beginnt mit A, fahrt mit B, C, D usw. fort. Wenn einem nichts zum entsprechenden Buchstaben einfällt, scheidet man aus.

Lange Autofahrten können langweilig werden. Hier sind einige Spiele, die du unterwegs spielen kannst. Du brauchst nur deinen Verstand und andere Mitfahrer zum Mitspielen.

54 Wortspiel

Die erste Person nennt ein Wort. Die nächste muss ein anderes Wort nennen, das mit dem letzten Buchstaben des vorhergehenden Wortes beginnt, z. B. Banane, Esel, Lineal, Leiter, Reifen, Nagel.

55 Melodien erkennen

Jeder Mitfahrer muss der Reihe nach eine Melodie summen. Die anderen müssen das Lied erkennen. Hör genau hin und mach es nicht zu schwierig!

56 Kofferpacken

Dieses Spiel stellt dein Gedächtnis auf die Probe. Der Erste sagt: „Ich packe meinen Koffer und lege hinein …" Er nennt etwas, das er mitnimmt. Der nächste Spieler wiederholt den Satz, zählt auf, was der Erste gesagt hat und fügt dem Kofferinhalt etwas hinzu. Jeder Gegenstand der Liste muss erinnert und in richtiger Reihenfolge wiederholt werden. Wer einen Fehler macht, scheidet aus.

TOP TIPP

Du musst nicht nur Dinge einpacken, die in einen Koffer passen. Vielleicht willst du einen Elefanten oder einfach deine Freunde mitnehmen?

Schachtel-bogen

Schneide auf beiden Seiten einer Pappschachtel ein Tor aus. Versuche den Ball durch das Tor zu schlagen, ohne es zu berühren.

Wände

Baue mit Wänden eine Bahn. Hierfür kannst du Papprollen, Regenschirme oder Stöcke verwenden. Damit die Bahn Biegungen macht, lege die Gegenstände in unterschiedlichen Winkeln aneinander – das macht es schwieriger, den Ball mit nur wenigen Schlägen einzulochen.

⑤⑦ GOLF-VERRÜCKT

⚠️ Bei diesem Golfspiel musst du den Ball durch oder über verschiedene verrückte Hindernisse spielen, um ihn am Ende einzulochen. Das Ziel ist es, den Parcours mit möglichst wenigen Schlägen zu bewältigen. Baue zuerst die einzelnen Hindernisse.

Das „Golfloch" kann ein einfaches Pappziel sein.

Blumentopf-brücken

Stelle zwei Blumentöpfe in geringem Abstand zueinander auf. Baue eine Brücke, indem du ein Buch über beide Töpfe legst. Versuche nun, den Ball unter den Brücken hindurch zu schlagen.

Schlangen-gerippe

Falte einen Pappstreifen an beiden Enden so nach unten, dass du ihn aufstellen kannst. Stelle vier solcher Brücken hintereinander auf. Versuche deinen Ball mit einem Schlag hindurchzuschießen. Bleibt er hängen, wird es schwieriger.

Tunnelrampe

Für eine Tunnelrampe brauchst du ein langes Stück Pappe, das du auf eine Schachtel lehnst. Auf die andere Seite kommt eine lange Papprohre. Um den Ball zu lenken, braucht die Rampe Seitenwände.

Wenn du oben ein Fenster aus der Röhre ausschneidest, kannst du den Ball rollen sehen.

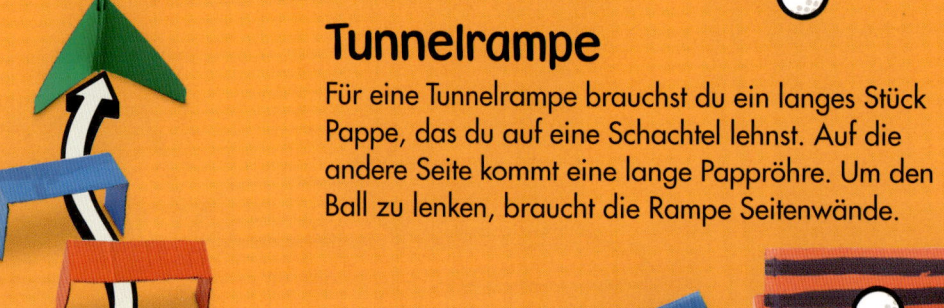

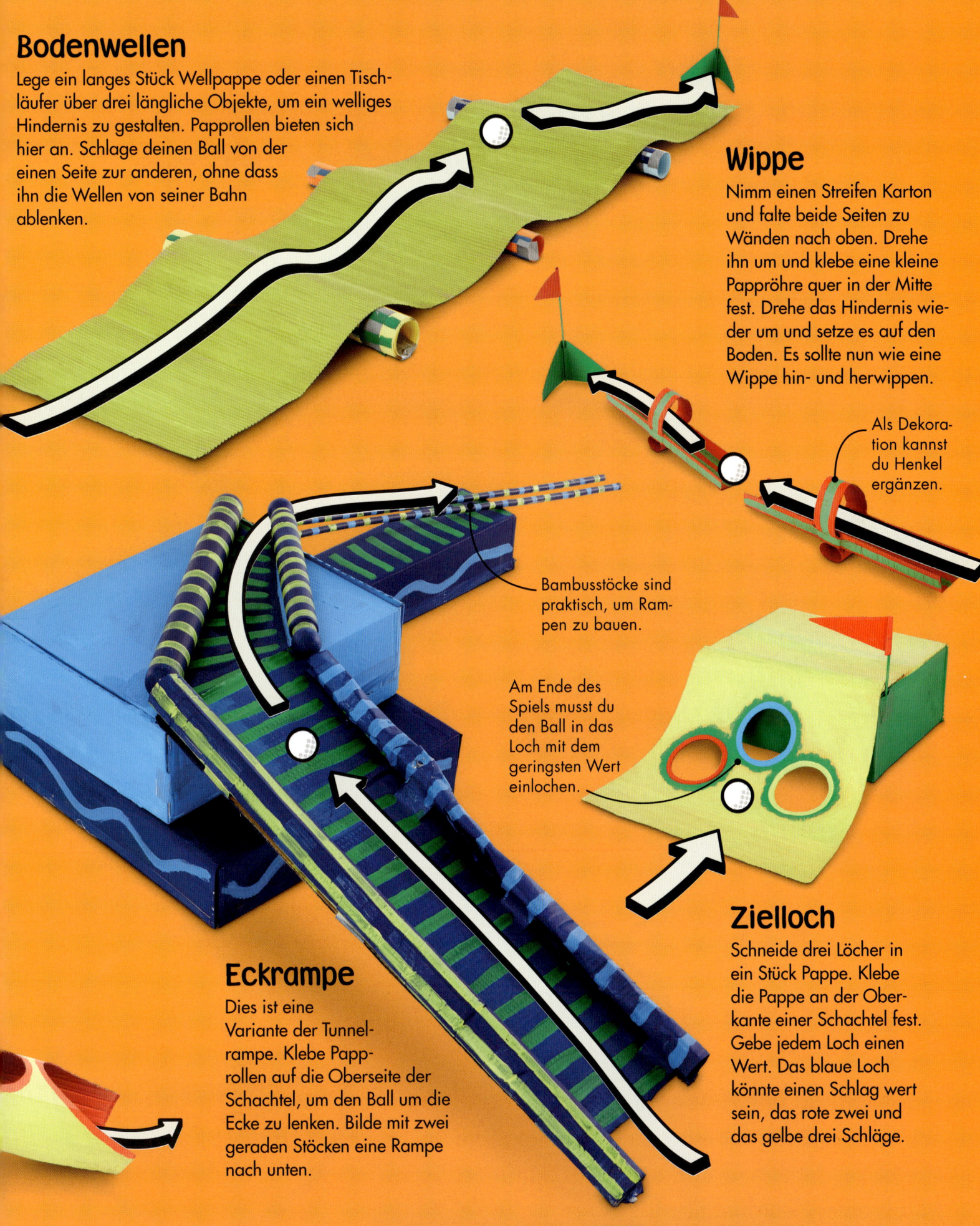

Bodenwellen

Lege ein langes Stück Wellpappe oder einen Tischläufer über drei längliche Objekte, um ein welliges Hindernis zu gestalten. Papprollen bieten sich hier an. Schlage deinen Ball von der einen Seite zur anderen, ohne dass ihn die Wellen von seiner Bahn ablenken.

Wippe

Nimm einen Streifen Karton und falte beide Seiten zu Wänden nach oben. Drehe ihn um und klebe eine kleine Papprohre quer in der Mitte fest. Drehe das Hindernis wieder um und setze es auf den Boden. Es sollte nun wie eine Wippe hin- und herwippen.

Als Dekoration kannst du Henkel ergänzen.

Bambusstöcke sind praktisch, um Rampen zu bauen.

Am Ende des Spiels musst du den Ball in das Loch mit dem geringsten Wert einlochen.

Eckrampe

Dies ist eine Variante der Tunnelrampe. Klebe Papprollen auf die Oberseite der Schachtel, um den Ball um die Ecke zu lenken. Bilde mit zwei geraden Stöcken eine Rampe nach unten.

Zielloch

Schneide drei Löcher in ein Stück Pappe. Klebe die Pappe an der Oberkante einer Schachtel fest. Gebe jedem Loch einen Wert. Das blaue Loch könnte einen Schlag wert sein, das rote zwei und das gelbe drei Schläge.

Auf der nächsten Seite wird der Parcours zusammengestellt.

Baue einen Schläger

Alles, was du brauchst, ist ein Stock und ein bisschen Pappe!

Wickle für den Griff einen Streifen dickes Papier um das obere Ende des Stocks.

Füge Pappe als Kopf des Schlägers hinzu.

Überprüfe, dass zwischen den Wänden keine Lücken sind, damit der Ball nicht entkommen kann.

Schlage den Ball etwas kräftiger, damit er die Rampe hochrollt.

Füge der Bodenwelle Papprollen hinzu oder entferne sie, um den Parcours leichter oder schwieriger zu machen.

Start

Entscheide, mit welchem Hindernis du beginnen möchtest, und platziere es am Anfang des Parcours.

... BAUE DEN PARCOURS

Nachdem du alle Hindernisse gebaut hast, stelle sie in einer beliebigen Reihenfolge zu einem verrückten Golf-Parcours zusammen. Mach einen Testdurchlauf.

TOP TIPP

Male deine Hindernisse in allen möglichen Farben und Mustern an, damit sie wirklich auffallen!

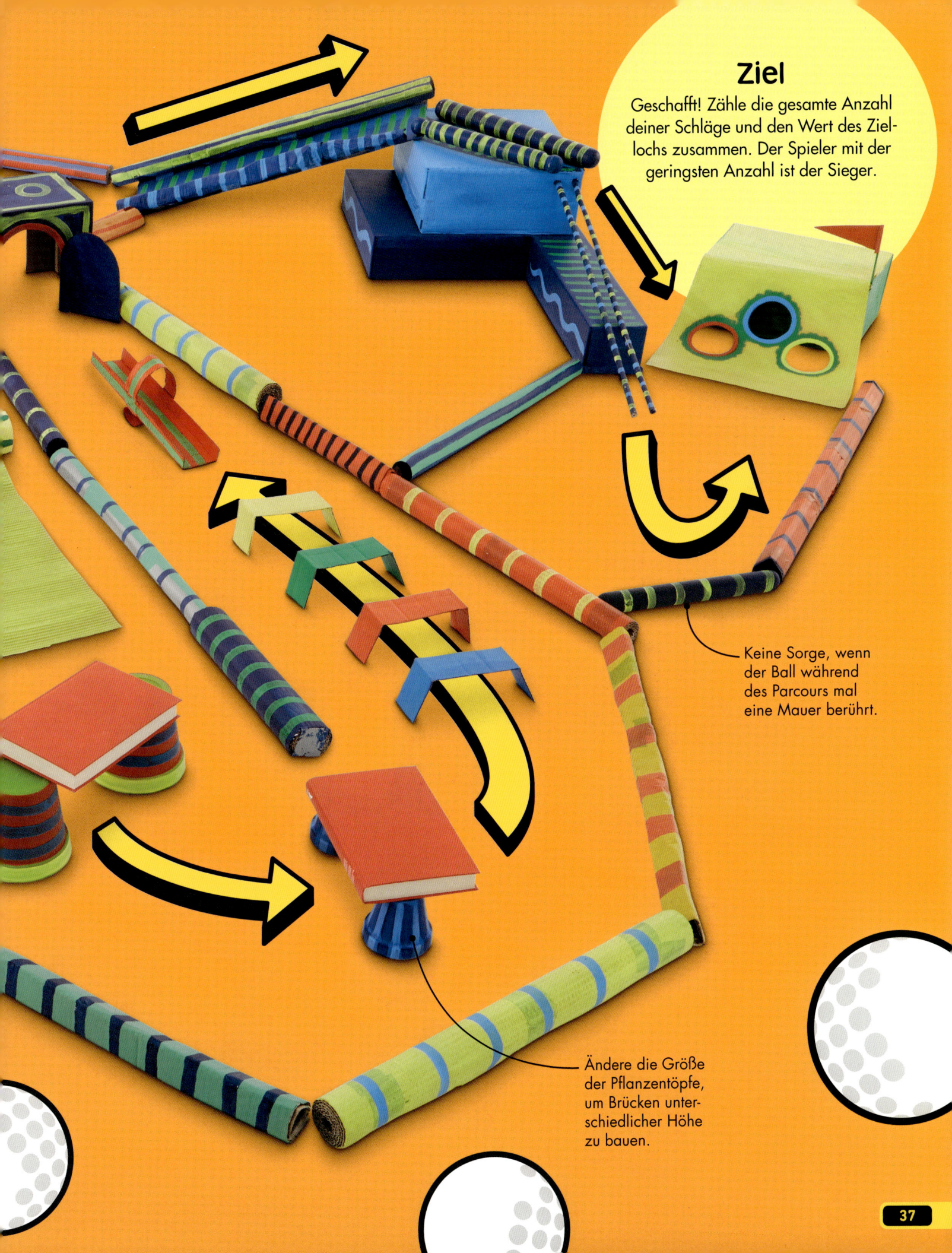

Geschafft! Zähle die gesamte Anzahl deiner Schläge und den Wert des Ziellochs zusammen. Der Spieler mit der geringsten Anzahl ist der Sieger.

Keine Sorge, wenn der Ball während des Parcours mal eine Mauer berührt.

Ändere die Größe der Pflanzentöpfe, um Brücken unterschiedlicher Höhe zu bauen.

ⓘ DAME

Dame bietet hervorragende Möglichkeiten, die Grundlagen des strategischen Brett-
spielens zu lernen. Es ist unglaublich einfach und trotzdem sind die Spielverläufe
nie gleich. Brett und Spielsteine findest du in den meisten Spielesammlungen.

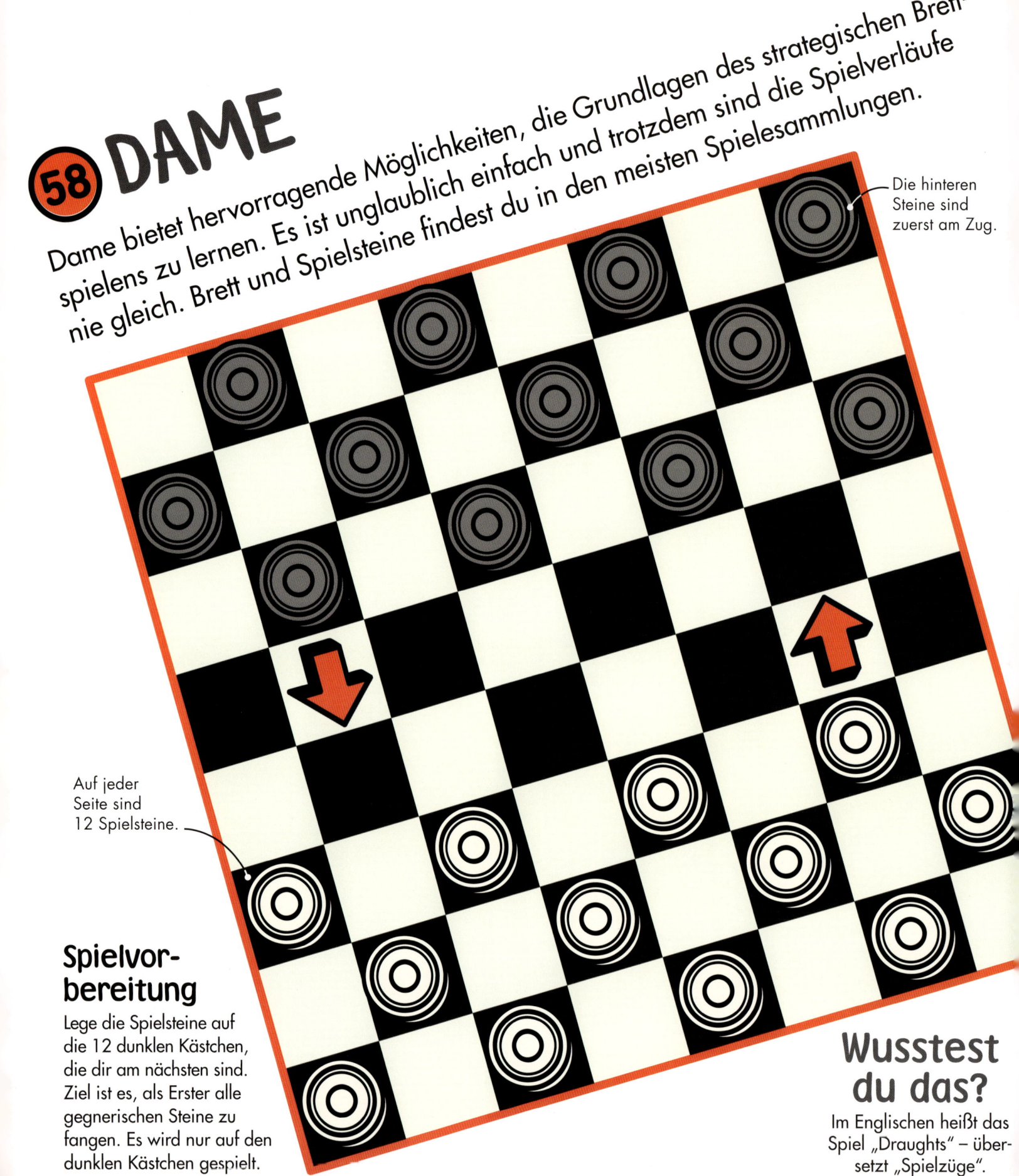

Die hinteren
Steine sind
zuerst am Zug.

Auf jeder
Seite sind
12 Spielsteine.

Spielvor-
bereitung

Lege die Spielsteine auf
die 12 dunklen Kästchen,
die dir am nächsten sind.
Ziel ist es, als Erster alle
gegnerischen Steine zu
fangen. Es wird nur auf den
dunklen Kästchen gespielt.

Wusstest
du das?

Im Englischen heißt das
Spiel „Draughts" – über-
setzt „Spielzüge".

Ein einfacher Spielzug

Abwechselnd machen die Spieler jeweils einen Zug. Ein einfacher Zug besteht darin, den Spielstein diagonal auf das nächstgelegene schwarze Feld zu schieben. Normale Steine können nur vorwärts ziehen.

Dieser Spielstein kann ein Feld diagonal nach rechts oder links ziehen.

Steine schlagen

Um einen gegnerischen Stein zu schlagen, musst du ihn diagonal überspringen. Dies geht nur, wenn er im direkt anschließenden Feld liegt und das dahinter liegende Feld frei ist. Wenn ein Sprung auf ein Feld führt, von dem aus ein weiterer Stein übersprungen werden kann, wird der Sprung fortgesetzt. Solltest du die Möglichkeit haben, einen gegnerischen Stein zu schlagen, musst du dies tun. Wenn du es nicht tust, wird dein Spielstein vom Feld genommen.

Dieser Spielstein wird durch Überspringen geschlagen.

Der Angreiferstein kommt auf der anderen Seite des geschlagenen Steins zum Liegen.

Dame!

Wenn es dir gelingt, mit einem deiner Steine die gegnerische Grundlinie zu erreichen, wird dieser zur „Dame" befördert, indem ein zweiter Stein obenauf gesetzt wird. Die Dame ist ein besonderer Stein, da er vor- und rückwärts ziehen und springen kann.

Sieger des Spiels

Das Spiel endet, wenn ein Spieler alle gegnerischen Steine geschlagen oder blockiert hat. Es ist ein Strategiespiel: Die besten Spieler bauen Fallen, indem sie den Gegner zum Überspringen eines eigenen Steins zwingen und ihren eigenen Stein opfern, um sich so dennoch in eine bessere Position zu bringen.

⑤⑨ SCHACH

In diesem Spiel brauchst du Geschicklichkeit und strategisches Denken, um deinen Gegner zu überlisten. Sieh nach, ob du ein Schachbrett in der Spielesammlung deiner Eltern oder Großeltern findest.

Jedes Feld kann durch die Kombination aus einem Buchstaben und einer Zahl genau bestimmt werden, hier z. B. a6.

Spiel-vorbereitung

Lege das Spielbrett so hin, dass jeweils ein weißes Feld im rechten unteren Eck jedes Spielers liegt. Stelle die Spielsteine exakt in der hier vorgegebenen Weise auf.

Die weiße Dame steht anfangs immer auf einem weißen Feld, die schwarze Dame auf einem schwarzen.

Bauer

Jeder Spieler hat am Anfang acht Bauern. Sie werden auf der zweiten bzw. siebten Reihe des Spielbretts aufgestellt. Bauern können von ihrer Startposition aus ein oder zwei Felder vorwärts ziehen, anschließend nur noch ein Feld.

Der Bauer schlägt eine gegnerische Spielfigur ein Feld diagonal vorwärts.

Springer

Jeder Spieler besitzt anfangs zwei Springer. Sie stehen zu Spielbeginn auf Feld b1 und g1 bzw. b8 und g8. Springer sind die einzigen Figuren, die andere Spielsteine überspringen können. Sie können drei Felder in L-Form ziehen.

Springer bewegen sich pro Zug zwei Felder waagerecht und eins senkrecht oder umgekehrt, in L-Form.

Läufer

Jeder Spieler hat anfangs zwei Läufer. Sie werden auf Feld c1 und f1 bzw. c8 and f8 aufgestellt. Läufer ziehen in diagonaler Richtung beliebig weit über das Brett.

Läufer können nur diagonal ziehen, dies aber über eine beliebige Anzahl von Feldern.

Turm

Jeder Spieler verfügt am Anfang einer Schachpartie über zwei Türme. Sie werden auf den Feldern a1 und h1 bzw. a8 und h8 aufgestellt. Türme können auf Linien und Reihen, also horizontal und vertikal, beliebig weit ziehen.

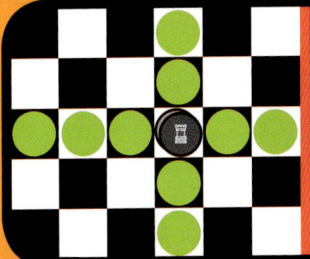

Türme können beliebig weit vor- und rückwärts, nach rechts und links, aber nie diagonal ziehen.

Dame

Jeder Spieler hat zu Beginn eine Dame. Sie wird auf Feld d1 bzw. d8 aufgestellt. Damen können in jede Richtung beliebig weit ziehen. Sie sind die stärksten Figuren eines Schachspiels.

Damen können in jeweils eine Richtung beliebig weit ziehen, egal ob horizontal, vertikal oder diagonal.

König

Jeder Spieler hat einen König. Er steht zu Anfang auf e1 und e8. Könige können nur ein Feld ziehen. Ziel des Spiels ist es, den gegnerischen König zu schlagen (siehe S. 42).

Könige können in jede beliebige Richtung ein Feld ziehen.

Auf der nächsten Seite findest du die Spielanleitung!

ZIEL DES SPIELS

Schachmatt!

Sieger ist derjenige, der die gegnerischen Figuren geschlagen hat und schließlich den gegnerischen König schachmatt setzt (siehe unten). Um die Spielfiguren des Gegners zu schlagen, musst du deine Figuren auf ein Feld bewegen, auf dem eine gegnerische Figur steht. Jeder Spieler kann pro Zug nur eine Figur schlagen. Geschlagene Figuren werden vom Spielbrett entfernt.

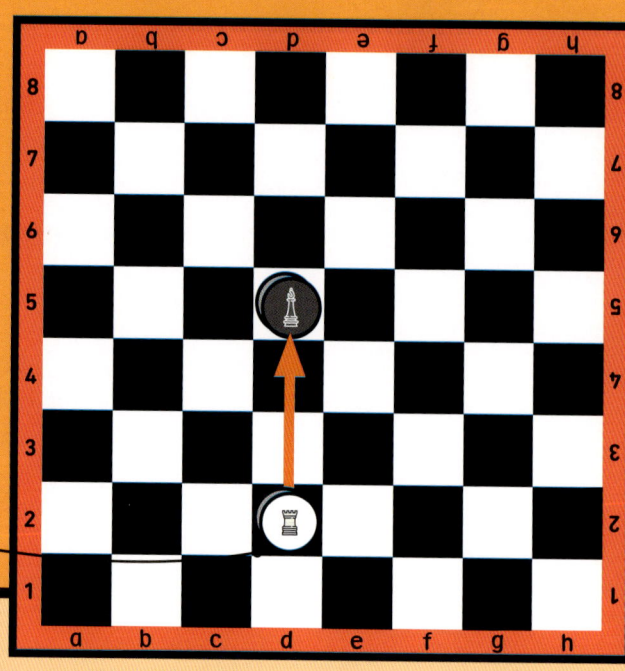

Der weiße Turm kann den schwarzen Läufer schlagen.

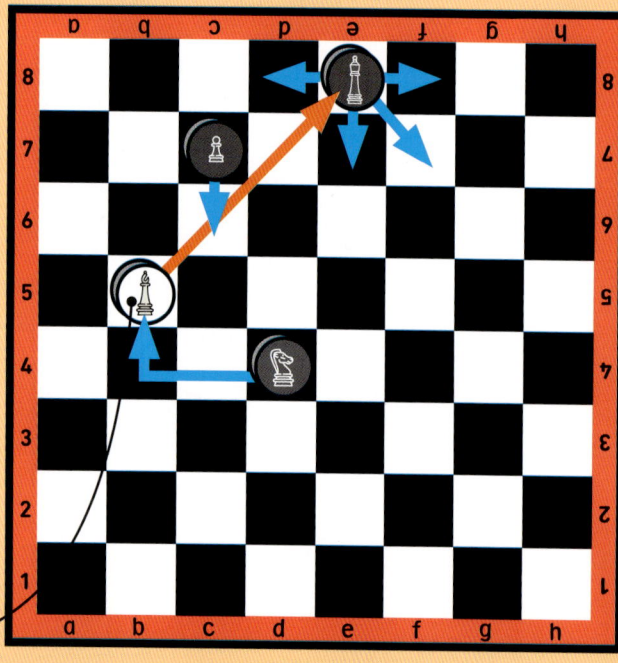

Der weiße Läufer hat den schwarzen König in den „Schach" gestellt. Schwarz kann aber der Bedrohung entkommen, indem er den weißen Läufer mit seinem Springer schlägt, den Zug des Gegners durch Versetzen des Bauern auf c6 blockiert oder den König in eine sichere Position bringt.

Schach!

Die Bedrohung des Königs beschreibt man mit den Worten „er steht im Schach". Du musst dieser Situation entkommen, indem du:

1. die Spielfigur, die den König bedroht, schlägst.

2. den Spielzug durch eine andere Figur blockierst.

3. den König in eine sichere Position bringst.

Spielende

Mit „Schachmatt" endet das Spiel. Wenn der König im Schach steht und du der Bedrohung nicht mit dem nächsten Zug entkommen kannst, ist das Spiel mit „Schachmatt" verloren.

Die weiße Dame hat den schwarzen König schachmatt gesetzt. Schwarz kann die Dame nicht schlagen, kein schwarzer Stein kann den Schachzug blockieren und der König kann nicht ausweichen. Game over!

Der König kann nicht nach h7 ausweichen, weil der Läufer ihn schachmatt setzen würde.

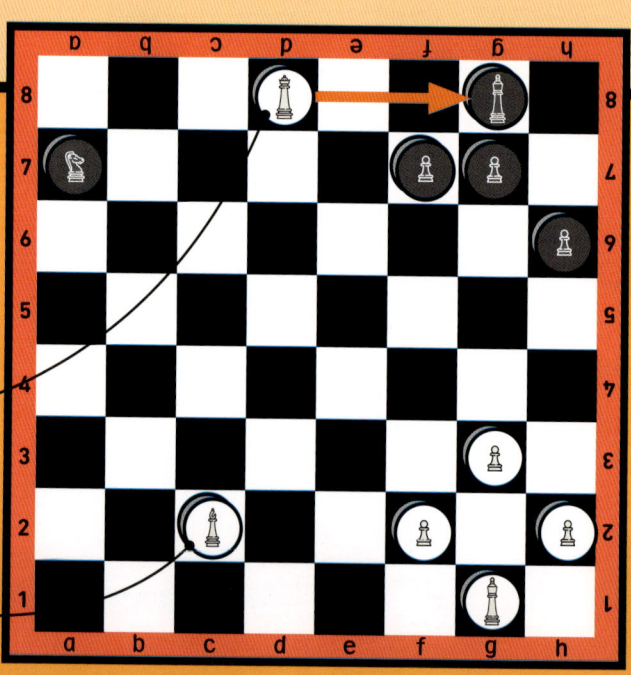

SCHACH SPIELEN

Spielstart

Den ersten Zug macht immer der Spieler mit den weißen Spielfiguren. Werft eine Münze, um zu entscheiden, wer Weiß spielt. Im Anschluss wechseln sich die Spieler bis zum Spielende ab.

Normalerweise macht der Spieler den ersten Schachzug mit einem Bauern.

Die gegnerischen Figuren schlagen

Versuche so viele gegnerische Figuren wie möglich zu schlagen. Vergiss nicht, dabei deine eigenen Figuren zu schützen.

Du musst in jeder Runde einen Schachzug machen, auch wenn du damit deine Figuren in Gefahr bringst.

WUSSTEST DU DAS?

Wenn ein Bauer die gegnerische Grundlinie erreicht, wird er in eine wichtigere Spielfigur umgewandelt – ausgenommen ist der König. Meist wird die Dame gewählt.

Gewonnen!

Um ein Schachspiel zu gewinnen, musst du den gegnerischen König schachmatt setzen. Das ist einfacher, wenn du bereits viele gegnerische Figuren geschlagen hast, ohne deinen König ungeschützt zu lassen.

Wert der Spielfiguren

Jeder Spielfigur wurde ein Wert zugewiesen, um zu zeigen, wie mächtig er ist. Die kleinen Bauern sind 1 Punkt wert, während die ehrwürdige Königin 9 Punkte wert ist. Wenn ihr keine Zeit habt, die Partie mit einem „Schachmatt" zu beenden, kann man den Sieger auch durch das Zusammenzählen der Punkte ermitteln.

Bauer: **1**

Springer: **3**

Läufer: **3**

Turm: **5**

Dame: **9**

König: Da der König nicht geschlagen werden kann, hat er keinen eigenen Wert.

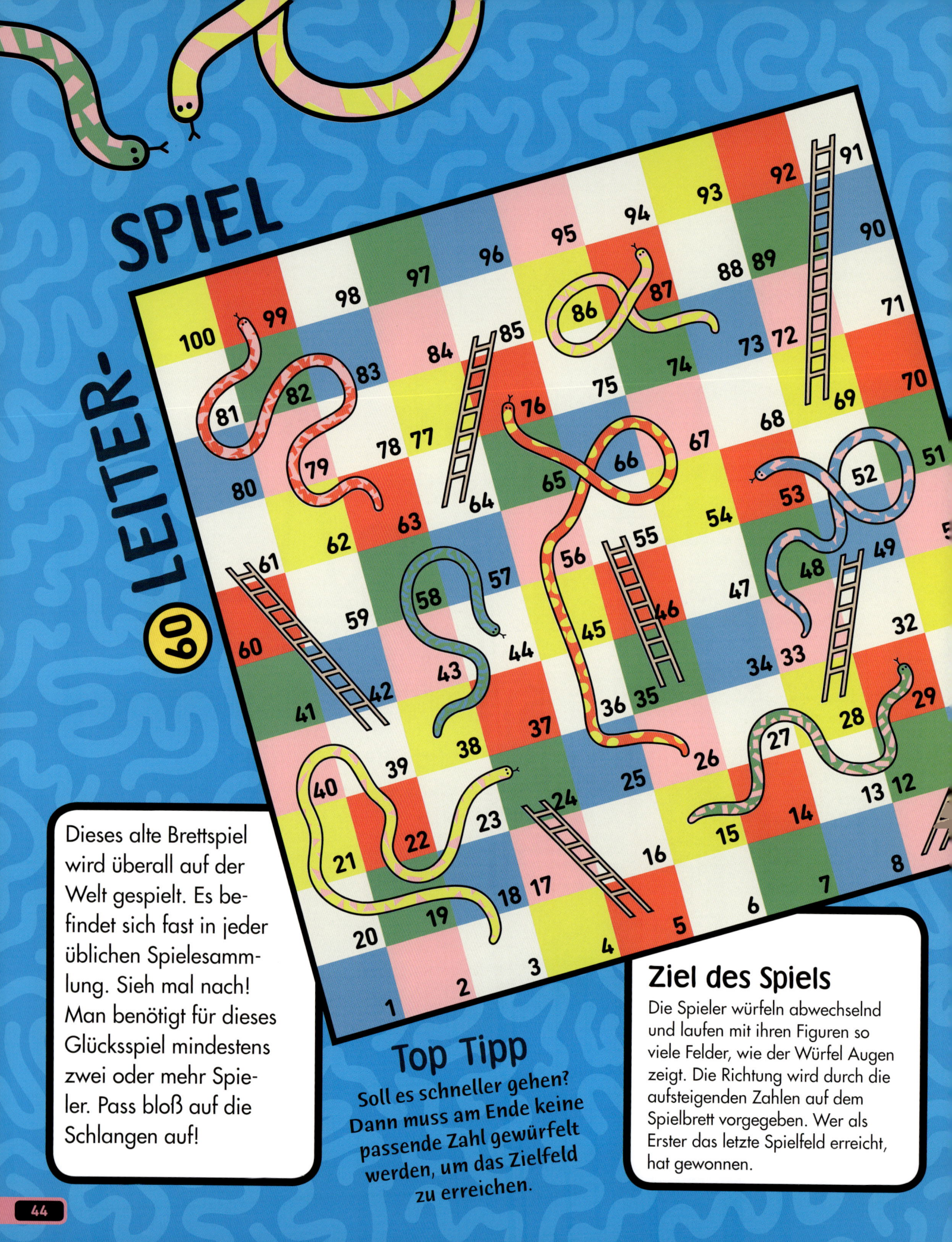

LEITER-SPIEL

60

Dieses alte Brettspiel wird überall auf der Welt gespielt. Es befindet sich fast in jeder üblichen Spielesammlung. Sieh mal nach! Man benötigt für dieses Glücksspiel mindestens zwei oder mehr Spieler. Pass bloß auf die Schlangen auf!

Top Tipp

Soll es schneller gehen? Dann muss am Ende keine passende Zahl gewürfelt werden, um das Zielfeld zu erreichen.

Ziel des Spiels

Die Spieler würfeln abwechselnd und laufen mit ihren Figuren so viele Felder, wie der Würfel Augen zeigt. Die Richtung wird durch die aufsteigenden Zahlen auf dem Spielbrett vorgegeben. Wer als Erster das letzte Spielfeld erreicht, hat gewonnen.

SPIELREGELN

Spielvorbereitung

Jeder Spieler wählt eine Spielfigur. Es wird reihum gewürfelt. Der Spieler mit der höchsten Augenzahl beginnt. Abwechselnd wird nun gewürfelt und der Spielstein so viele Felder nach vorn gesetzt, wie der Würfel Augen zeigt.

Hoch die Leiter

Wenn du auf einem Feld landest, auf dem der Anfang einer Leiter liegt, darfst du diese „hochklettern", das heißt, du darfst auf das Endfeld der Leiter ziehen. Wenn du bei deinem Spielzug auf der Mitte oder am Ende einer Leiter ankommst, bleibst du an dieser Stelle stehen. Du musst nie eine Leiter abwärtsklettern.

Runter enlang der Schlange

Wenn du auf einem Feld landest, auf dem der Kopf einer Schlange liegt, musst du das Tier entlang bis zu dessen Schwanz hinunterrutschen. Endet dein Spielzug auf der Mitte oder dem Ende einer Schlange, bleibst du an dieser Stelle stehen. Du darfst nie eine Schlange aufwärtsrutschen.

Sieger des Spiels

Um zu gewinnen, musst du exakt so viele Augen würfeln, dass du mit deiner Figur auf dem letzten Spielfeld landest. Wenn du also drei Felder vor dem Zielfeld stehst, musst du eine 3 würfeln. Wenn du eine 4 würfelst, musst du drei Felder nach vorn und eins zurück gehen.

Geschichte

Das Leiterspiel wurde in Indien erfunden. Ursprünglich war das Spiel ein Symbol des Lebensweges. Der Spieler konnte durch gute Erfahrungen (Leitern) nach oben steigen oder wurde durch schlechte Erfahrungen (Schlangen) zurückgeworfen.

Selbst gemacht

Wenn du dieses Spiel nicht zu Hause hast, kannst du selbst basteln:

- Nimm ein quadratisches Stück Pappe, z.B. 30×30 cm. Zeichne im Abstand von 3 cm neun gerade Linien von einer Seite zur anderen, dann drehe das Quadrat und ziehe wieder neun Linien, sodass 100 Quadrate entstehen.

- Male die Quadrate bunt aus. Nun nummeriere alle Felder durch: Du beginnst unten links, wie auf dem Spielfeld hier im Buch.

- Jetzt kannst du Schlangen und Leitern auf deinem Spielfeld einzeichnen. Versuche sie so zu verteilen, dass in jeder Reihe eine Leiter oder Schlange anfängt oder aufhört.

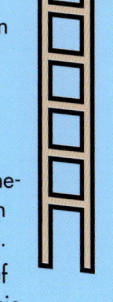

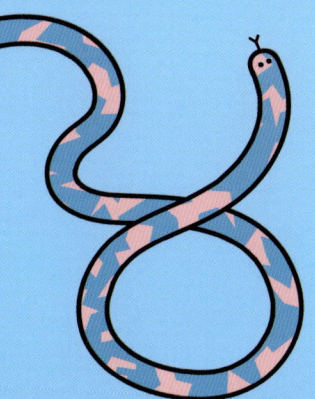

61 ERFINDE DEIN EIGENES BRETTSPIEL

Wenn du gern Brettspiele mit deinen Freunden oder deiner Familie spielst, könntest du auch mal ein eigenes Spiel erfinden. Lass deiner Fantasie freien Lauf, überlege dir eine Anleitung und entwickle das weltbeste Brettspiel.

Wähle ein Thema

Welches Thema soll dein Spiel haben? Geht es um Piraten oder eher Hexen und Zauberer? Die Entscheidung hilft dir, dein Spielbrett passend zu gestalten. Bei einem Piratenspiel sollte natürlich eine Schatztruhe auf dem Zielfeld liegen!

Ziel des Spiels

Bei vielen Brettspielen müssen die Spieler einem Pfad folgen, der zum Zielfeld führt. Wenn du dich für einen solchen Pfad entscheidest, lass ihn über viele Windungen führen. Weg, Start- und Zielpunkt sollten gut sichtbar sein.

Vielleicht gibt es Spielfelder, die dich auf andere Felder zurückwerfen!

START

Ideenwerkstatt

Triff dich mit Freunden und überlegt euch, welche Art Spiel ihr gern entwickeln möchtet. Denkt an eure Lieblingsbrettspiele und benutzt Elemente aus diesen in euren eigenen Spiel.

Du brauchst Spielsteine in unterschiedlichen Farben oder Formen.

Vielleicht gibt es Karten, die man ziehen muss, wenn man auf bestimmten Feldern landet. Darauf befinden sich Anweisungen für die Spieler.

Bastle Brett und Spielsteine

Um dein Spielbrett zu planen, skizziere es erst mit Bleistift. Übertrage es dann auf Pappe und male es an. Als Spielsteine kannst du bemalte Steine, Knöpfe oder Münzen wählen.

Bei vielen Brettspielen werden ein oder zwei Würfel benötigt. Du kannst sicher einen Würfel aus einem anderen Spiel benutzen.

Testspiel

Spiele ein Probespiel mit deinen Freunden oder deiner Familie. Du kannst dabei erkennen, ob du deinem Spiel etwas hinzufügen musst, um es einfacher oder spannender zu machen. Beim ersten Mal ist vielleicht noch nicht alles perfekt.

Wenn du dich für ein Thema entschieden hast, kannst du das Spielbrett gestalten. Viel Spaß!

Start- und Endpunkt sollten markiert sein.

Lege die Regeln fest

Entscheide, wie viele Spieler benötigt werden und wie ein Spieler gewinnt. Muss er der Erste im Ziel sein? Oder muss er auf irgendeine Weise Punkte sammeln? Schreibe die Spielregeln auf.

ZIEL

62 Steinehüpfen

Suche einen flachen, glatten Stein und versuche, ihn über die Wasser-oberfläche eines Sees, Flusses oder Teiches hüpfen zu lassen. Zähle die Anzahl der Sprünge.

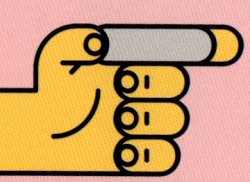

63 Bilderrahmen

Ein ausgefallener Rahmen für ein ganz besonderes Bild! Alles, was du dafür brauchst, ist ein starker Kleber, viele kleine Steine und etwas Pappe als Grundlage.

SPIEL UND SPASS

66 Steinkaktus

Möchtest du einen Kaktus, der nicht sticht? Bemale Steine in unterschiedlichen Grünschattie-rungen, damit sie echt aussehen. Du kannst sie auch in einen Topf „pflanzen"!

67 Steinkunst

Mit Steinen kannst du kunstvolle Bilder erstellen. Schau dir die unterschied-lichen Formen und Farben der Steine genau an und lass dich inspirieren.

68 Papier-beschwerer

Mit einem Stein beschwert, fliegt ein Stapel Papier nicht mehr weg. Verziere ihn mit bunten Wollfäden.

64
Spielsteine

Leuchtend bunt angemalte Kiesel eignen sich sehr gut als Spielsteine. Du kannst sie für dein selbst entworfenes Brettspiel benutzen (S. 46–47).

65
Dominosteine

Bastle dein eigenes Dominospiel – hier sind Vorlagen für die Spielsteine, die du brauchst. Sind sie fertig bemalt, nimmt jeder Spieler sieben Steine. Die Person mit der höchsten Augenzahl, z. B. 6-6, beginnt. Der nächste Spieler muss einen Dominostein, z. B. 6-4, so anlegen, dass die gleichen Zahlenfelder einander berühren. Hat ein Spieler keinen passenden Stein, muss er einen neuen Stein ziehen.

MIT ... STEINEN

69
Steintürme

Sammle Steine und schau, wie viele du übereinanderstapeln kannst. Baue mit deinen Freunden um die Wette.

70
Bemalte Kiesel

Ein bisschen Farbe genügt und schon werden deine Steine zu Tierfiguren oder tragen hübsche Muster. Du kannst sie auch noch mit Pfeifenputzern, Filz, Knöpfen oder Kulleraugen dekorieren.

71
Steinesammlung

Wie viele verschiedenfarbige Steine kannst du finden? Sortiere deine Fundstücke sorgfältig in Pappringen, dann kannst du sie gut vergleichen.

⑦² KRESSE-EIER

⚠️ **1** Es ist ganz einfach, Pflanzen, wie etwa Kresse, zu züchten! Verwende dafür leere, saubere Eierschalen, die nach oben geöffnet sind, und fülle sie mit Watte.

2 Streue Kressesamen darauf. Du kannst auch Weizensamen nehmen, wenn du keine Kresse zur Hand hast.

3 Gieße die Samen und achte darauf, dass die Watte immer feucht ist. Stelle die Eierschale auf ein sonniges Fensterbrett. Nach ein paar Tagen sollte die Kresse sprießen.

⑦³ Bemale das Ei

Male ein lustiges Gesicht auf die Schale. Sobald die Kresse wächst, bekommt der Eierkopf grüne „Haare"!

Vom Samen zur Pflanze

Die meisten Pflanzen wachsen aus Samen. In den Samen sitzt der Bauplan für den Sprössling.

Bei der richtigen Temperatur und ausreichend Wasser beginnt der Same zu keimen.

Irgendwann erreicht der Keimling die Oberfläche, wo er dann mithilfe von Sonnenlicht weiterwächst.

74 Guten Appetit!

⚠ Wenn die Kresse etwa 5 cm hoch ist, ist es Zeit für die Ernte. Schneide die Stängel direkt über der Watte ab und wasche sie kurz unter fließendem Wasser. Streue sie über Salat oder auf ein Butterbrot, um deiner Mahlzeit einen würzigen Geschmack zu verleihen.

Zaubern zu lernen ist gar nicht so schwer! Bringe deine Freunde und Familie zum Staunen. Hier sind einige einfache Tricks für den Anfang. Aber denke dran – ein guter Zauberer verrät nie das Geheimnis hinter seinen Tricks!

(75) Entfesselung

Entfesselungskünstler können sich aus scheinbar ausweglosen Situationen befreien. Das kannst du auch! Hier lernst du, dich aus gebundenen Handschellen zu befreien.

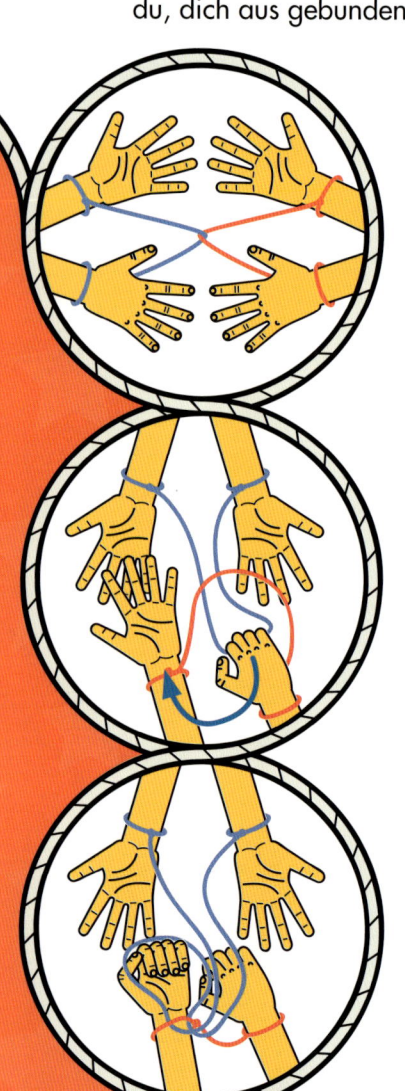

1 Binde jeweils eine Schlinge um deine Handgelenke, aber gehe sicher, dass sie nicht zu eng sitzen. Bitte einen Freund, das gleiche zu tun, nachdem du deine Schnur mit seiner gekreuzt hast.

2 Zieh die Schnur deines Freundes zu dir und stecke sie von hinten durch die Schlinge um dein linkes Handgelenk.

3 Beuge deine Hand und stecke sie durch die entstandene Schlaufe in der Schnur deines Freundes. Strecke deine Hände aus.

4 Zieht eure Hände auseinander, um euch zu entfesseln!

TOP TIPP
Denke dir einen passenden Künstlernamen als Zauberer aus. Dieser soll dir eine magische Aura verleihen.

ZAUBER-

Entfesselungs- künstler!

Harry Houdini lebte von 1874 bis 1926. Er konnte sich aus Handschellen, verschlossenen Räumen und Zwangsjacken befreien! Bis heute ist nicht bekannt, wie diese Tricks funktionierten.

76 Schwebende Karte

Suche dir ein Publikum und platziere es direkt vor dir. Der Trick funktioniert am besten, wenn du dich als Zauberer überzeugend präsentierst – lass eine dramatische Stimmung aufkommen!

Lass das Publikum deine Daumen nicht sehen!

1 Halte eine Spielkarte so zu dir, dass deine Finger auf der Rückseite, deine Daumen jeweils auf der Vorderseite liegen.

2 Schiebe die Karte langsam mit deinen Daumen hoch und runter, während du deine anderen Finger ganz ruhig hältst. Für dein Publikum wird es aussehen, als würde die Karte schweben.

TRICKS

77 Täuschung

Mit diesem einfachen Trick bringst du deine Freunde zum Staunen und Lachen!

1 Stelle ein Saftglas auf den Tisch und lege einen Hut darüber. Erzähle deinen Freunden, du könntest den Saft trinken, ohne den Hut zu berühren.

2 Verstecke dich unter dem Tisch, sodass sie dich nicht sehen, und mach Trinkgeräusche.

3 Komme hervor und warte, bis deine Freunde den Hut lüften. Nun nimm das Glas und trinke den Saft!

ILLUSIONEN

Sehen und glauben sind zweierlei Dinge.
Unsere Augen können uns manchmal
täuschen und Bilder verwirrend aussehen
lassen. Sieh dir diese Illusionen an und
versuche, eine eigene optische Täuschung
zu gestalten!

Bewegungsillusion

Schau dir das Bild genau an. Bewegt sich etwas? Die Kombination aus schwarzen und weißen Mustern erzeugt diese Illusion von Bewegung in einem komplett statischen Bild.

79 Schräg, oder?

Sind die blauen Linien in diesem Bild schräg oder gerade? Überraschung! Sie sind alle gerade. Diese Illusion entsteht dadurch, dass die schwarzen Rechtecke nicht direkt übereinander liegen. So empfinden unsere Augen die blauen Linien als schräg.

80 Zwei in einem

Was siehst du in diesem Bild? Zwei Gesichter im Profil oder eine Vase? Sieh genau hin – dann wird beides sichtbar!

81 Zeichne selbst

1 Zeichne den Umriss deiner Hand mit einem Bleistift auf ein DIN-A4-Papier.

2 Nimm einen schwarzen Stift und ziehe gerade Linien von einer Seite des Blattes zur anderen. Die Linie darf den Umriss der Hand nicht überschreiten.

3 Verbinde die beiden geraden Linien durch eine gebogene innerhalb des Handumrisses.

5 Male die Zwischenräume in bunten Farben an. Dein Bild sollte nun dreidimensional wirken!

4 Wiederhole Schritt 2 und 3 mit gewissem Abstand zwischen den Linien über die gesamte Blattfläche.

BEWEGTE FARBE

Wenn du malst, bleibt die Farbe an derselben Stelle, nicht wahr? Falsch! Dieses Experiment zeigt dir, wie du Zeichnungen lebendig werden lassen kannst.

Du brauchst:

- Whiteboard-Markerstift
- Tiefen Teller
- Tasse Wasser

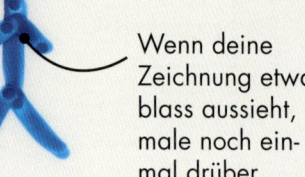

Wenn deine Zeichnung etwas blass aussieht, male noch einmal drüber.

1 Nimm einen abwischbaren Markerstift und zeichne ein Strichmännchen auf den Teller. Stelle sicher, dass die Linien alle miteinander verbunden sind und die Figur nicht zu groß ist. Lass sie ein paar Sekunden trocknen.

TOP TIPP

Benutze einen rein weißen Teller für diesen Trick, sodass du dein Strichmännchen gut sehen kannst.

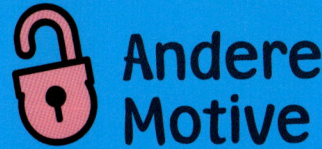

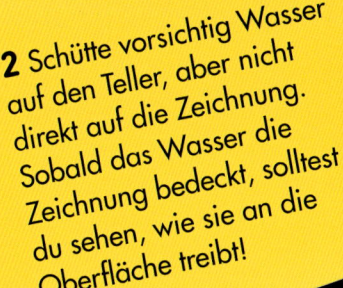

2 Schütte vorsichtig Wasser auf den Teller, aber nicht direkt auf die Zeichnung. Sobald das Wasser die Zeichnung bedeckt, solltest du sehen, wie sie an die Oberfläche treibt!

Andere Motive

Dieser Trick funktioniert mit jeder beliebigen Zeichnung, es muss kein Strichmännchen sein. Probiere es mal mit einem Tier.

Welche Farben funktionieren am besten?

3 Lass dein Strichmännchen tanzen! Puste in das Wasser, kippe es hin und her oder bewege es vorsichtig mit den Fingern.

Wie geht das?

Wenn du mit einem abwischbaren Markerstift arbeitest, trocknet die Farbe in einer dünnen festen Schicht, die leichter ist als Wasser. Das bedeutet, dass sie beim Hinzufügen von Wasser an die Oberfläche schwimmt!

Wenn du genau hinsiehst, kannst du beobachten, wie das Strichmännchen nach oben kommt.

83 PARTYSTÜHLE

Möchtest du Gastgeber einer total verrückten Party werden? Mit dieser Bastelidee kannst du gewöhnliche Stühle in futuristische Roboter oder lustige Tiere verwandeln.

Klebe immer nur Pappe auf Pappe. Das Klebeband sollte nicht direkt auf den Stuhl gelangen.

ANLEITUNG

1 Sammle Kartonreste und hülle die Sitzfläche des Stuhls damit ein. Nimm starkes Klebeband, um die Kartonenden aneinander zu befestigen.

2 Hülle nun die Rückenlehne ein. Vielleicht benötigst du dafür viele einzelne Kartonteile.

Stelle den Stuhl vor dem Anmalen auf eine Unterlage.

Stecke die ausgeschnittenen Beine hier in die Kartonhülle.

3 Schneide zwei Armformen aus und klebe sie hinten an den Karton der Rückenlehne.

4 Schneide zwei Kartonstreifen als Beine aus und befestige sie. Schneide einen Kopf aus und klebe ihn an.

5 Aus einer Kartonsilhouette wird ein lustiger Partyhund!

Ein Spion muss unerkannt bleiben, während er Anhaltspunkte für eine Tat sucht oder geheime Informationen sammelt. Entdecke die spannende Welt der Geheimagenten und werde der nächste James Bond!

84 Geheimcode

Spione müssen untereinander auf verdeckte Art kommunizieren können. Eine Möglichkeit dafür bieten Geheimcodes. Sie dienen etwa dazu, streng geheime Treffen zu vereinbaren.

1 Male ein Gitter auf ein Blatt Papier. Schreibe den Ort eures Treffpunkts in wahllos verteilten Buchstaben in die Kästchen. Dann fülle die übrigen Kästchen mit weiteren Buchstaben.

2 Nimm ein zweites Stück Papier in der gleichen Größe und schneide hier Kästchen an den Stellen aus, wo sich die Buchstaben des geheimen Treffpunkts befinden.

TOP TIPP

Nimm einen spitzen Stift und mach ein Loch in das Papier, bevor du die Schere benutzt.

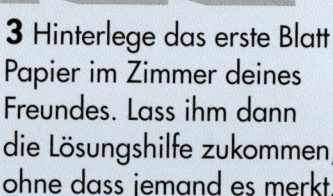

3 Hinterlege das erste Blatt Papier im Zimmer deines Freundes. Lass ihm dann die Lösungshilfe zukommen, ohne dass jemand es merkt.

GEHEIMES SPIONSPIEL

85 Verkleidung

Erfolgreiche Spione mischen sich mithilfe von Verkleidungen unerkannt unter die Menge. Nimm Perücken, künstliche Bärte, Hüte und Sonnenbrillen zur Hilfe. Werden dich deine Freunde erkennen?

86 Geheimakte

Die besten Spione machen sich aufschlussreiche Notizen. Zeichne Karten, schreibe alles auf und mach Fotos von Dingen, die dir wichtig vorkommen.

87 Fingerabdrücke

Du brauchst noch mehr Beweise? Dann bestäube die Finger eines Verdächtigen mit Mehl und klebe einen Klebestreifen darüber. Nimm den Klebestreifen ab und du hast den Fingerabdruck! Kannst du die gleichen Fingerabdrücke am Tatort finden?

WUSSTEST DU DAS?
Jeder Mensch hat einzigartige, ganz individuelle Fingerabdrücke!

4 Wenn dein Freund das zweite Blatt auf das erste legt, wird er herausfinden, wo (b-u-s-c-h) er dich treffen soll!

SCHLEIMALARM

(88) Essbarer Schleim

Du brauchst:

- 10 Marshmallows
- 2 TL Puderzucker
- 2 TL Speisestärke

⚠ **1** Bitte einen Erwachsenen, die Marshmallows zehn Sekunden in der Mikrowelle zu erhitzen. Wiederhole den Vorgang, bis sie geschmolzen sind.

⚠ **2** Siebe den Puderzucker und die Speisestärke langsam über die geschmolzenen Marshmallows. Rühre mit einem Löffel um. Sei vorsichtig, der Schleim ist heiß!

⚠ **3** Warte bis der Schleim abgekühlt ist. Dann kannst du ihn probieren. Iss ihn nicht mehr, wenn er älter als ein Tag ist.

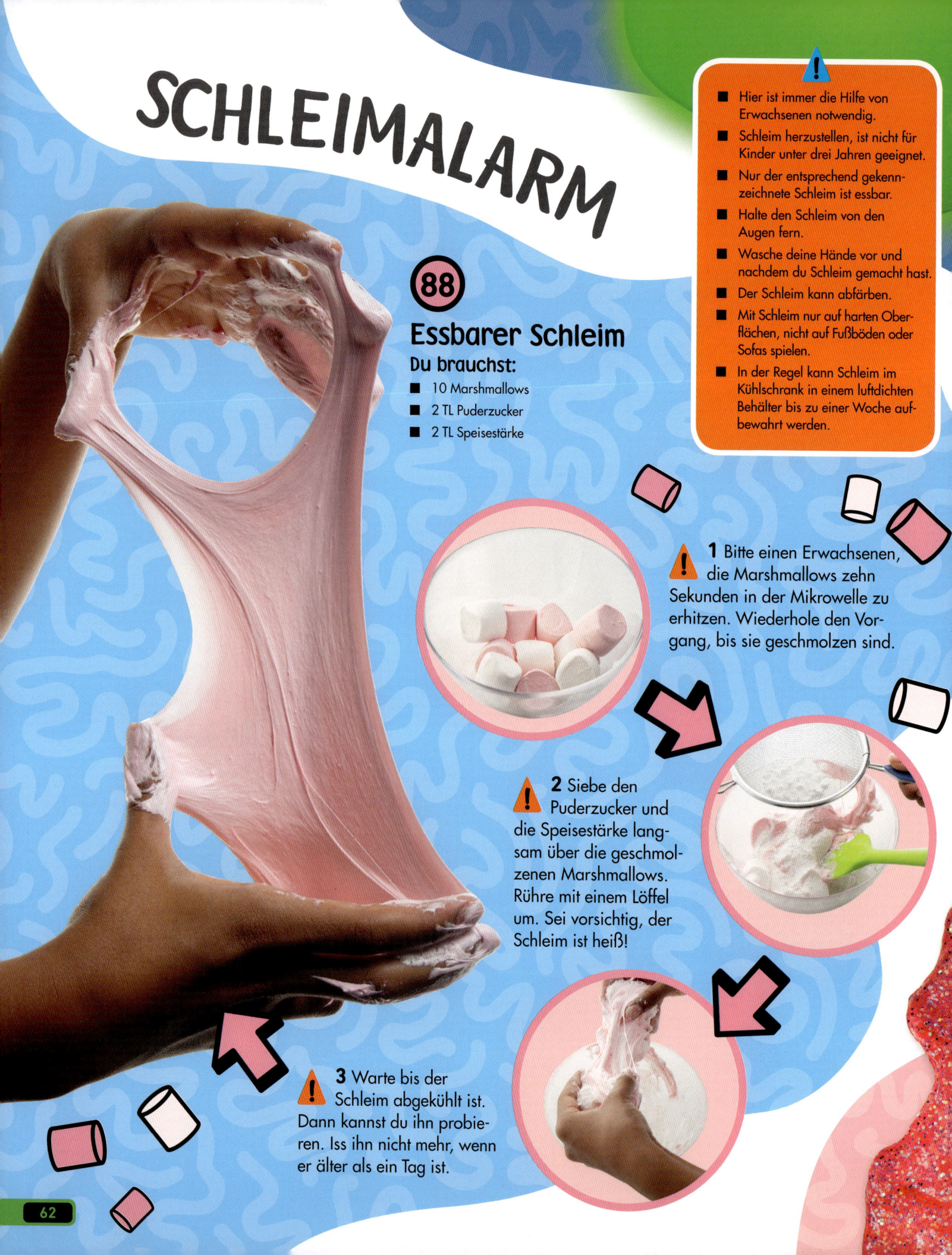

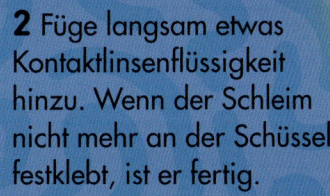
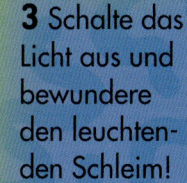

89 Schleim, der im Dunkeln leuchtet

Du brauchst:

- ½ TL Natron
- 120 ml warmes Wasser
- 140 ml durchsichtigen Bastelkleber
- Posterfarbe, die im Dunkeln leuchtet
- Kontaktlinsenflüssigkeit (Kombilösung)

1 Vermische Natron, Wasser, Kleber und ausreichend Leuchtfarbe in einer Schüssel.

2 Füge langsam etwas Kontaktlinsenflüssigkeit hinzu. Wenn der Schleim nicht mehr an der Schüssel festklebt, ist er fertig.

3 Schalte das Licht aus und bewundere den leuchtenden Schleim!

90 Glitzer-Schleim

Du brauchst:

- 45 ml abziehbare Gesichtsmaske (diese muss Polyvinylalkohol enthalten)
- Glitzer
- 1 TL Natron
- Kontaktlinsenflüssigkeit (Kombilösung)

1 Leere die Gesichtsmaske in eine Schüssel und füge Glitzer hinzu.

3 Füge nach und nach etwas Kontaktlinsenflüssigkeit hinzu, bis ein glitzernder Schleim entsteht. Ziehe ihn auseinander!

2 Mische Natron unter die Masse.

91 Galgenmännchen

1 Ein Spieler denkt sich ein Wort aus, das die anderen erraten müssen. Er zeichnet einen leeren Strich für jeden Buchstaben dieses Wortes.

2 Die anderen Spieler wechseln sich dabei ab, die Buchstaben des ihnen unbekannten Wortes zu erraten.

3 Ist eine Vermutung richtig, schreibt der erste Spieler den erratenen Buchstaben auf den dazugehörigen Querstrich. Ist sie falsch, beginnt er den ersten Strich des Galgenmännchens zu malen. Bei jeder Fehlfrage kommt ein Teilstrich hinzu.

4 Ist das Galgenmännchen fertig gezeichnet, bevor das Wort erraten ist, hat der erste Spieler gewonnen.

Kommt ein erratener Buchstabe öfter in dem Wort vor, muss er auf jede dazugehörige Stelle geschrieben werden.

Zeichne erst den Galgen, dann das Seil, den Kopf, den Rumpf, das rechte und das linke Bein und an jeder Seite einen Arm.

Jeder falsch geratene Buchstabe wird an der Seite des Galgenmännchens aufgeschrieben.

92 Käfer

Die Spieler wechseln sich beim Würfeln ab. Die angezeigte Augenzahl entscheidet, welchen Teil seines Käfers der jeweilige Spieler zeichnen darf. Jeder Spieler muss zuerst eine 6 würfeln, bevor er mit dem Bauch beginnen darf. Der Spieler, der als Erster seinen Käfer fertig hat, hat gewonnen.

Bei einer 1 darfst du ein Auge zeichnen. Die 1 brauchst du also 2-mal.

Bei einer 2 darfst du einen Fühler zeichnen. Du musst 2-mal die 2 würfeln.

Bei einer 4 ist ein Flügel an der Reihe. Für beide Flügel brauchst du zwei 4er.

Bei einer 5 kommt der Kopf dran. Du musst den Kopf vor den Augen und Fühlern malen.

Eine 6 erlaubt dir, den Bauch zu zeichnen. Mit ihm beginnt das Spiel.

Bei einer 3 ist ein Bein dran. Für alle Beine brauchst du sechs 3er.

ZEICHEN-SPIELE

Du kannst dir nicht vorstellen, wie viele verschiedene Dinge du mit Stift und Papier machen kannst! Fordere deine Freunde mit diesen Zeichenspielen heraus. Wer gewinnt?

93 Tic-Tac-Toe

Zwei Spieler zeichnen ein Gitter mit drei Kästchen in Höhe und Breite. Einer ist Kreis (0), einer Kreuz (x). Der Spieler, der beginnt, zeichnet sein Symbol in ein leeres Kästchen. Dann folgt der andere Spieler mit seinem Symbol. Wechselt euch ab, bis ein Spieler mit drei gleichen Symbolen in einer Reihe gewinnt.

Vier gewinnt

94 Dies ist ein Spiel für zwei Personen. Zeichnet ein Gitter mit sieben Kästchen in der Höhe und sechs in der Breite. Nun malt ihr abwechselnd mit jeweils andersfarbigem Stift einen Kreis in ein Kästchen, beginnend in der untersten Reihe. Nur direkt über einem bestehenden Kreis darf ein Kreis in die nächsthöhere Reihe gezeichnet werden. Sieger ist, wer als Erster vier Kreise in einer Linie hat.

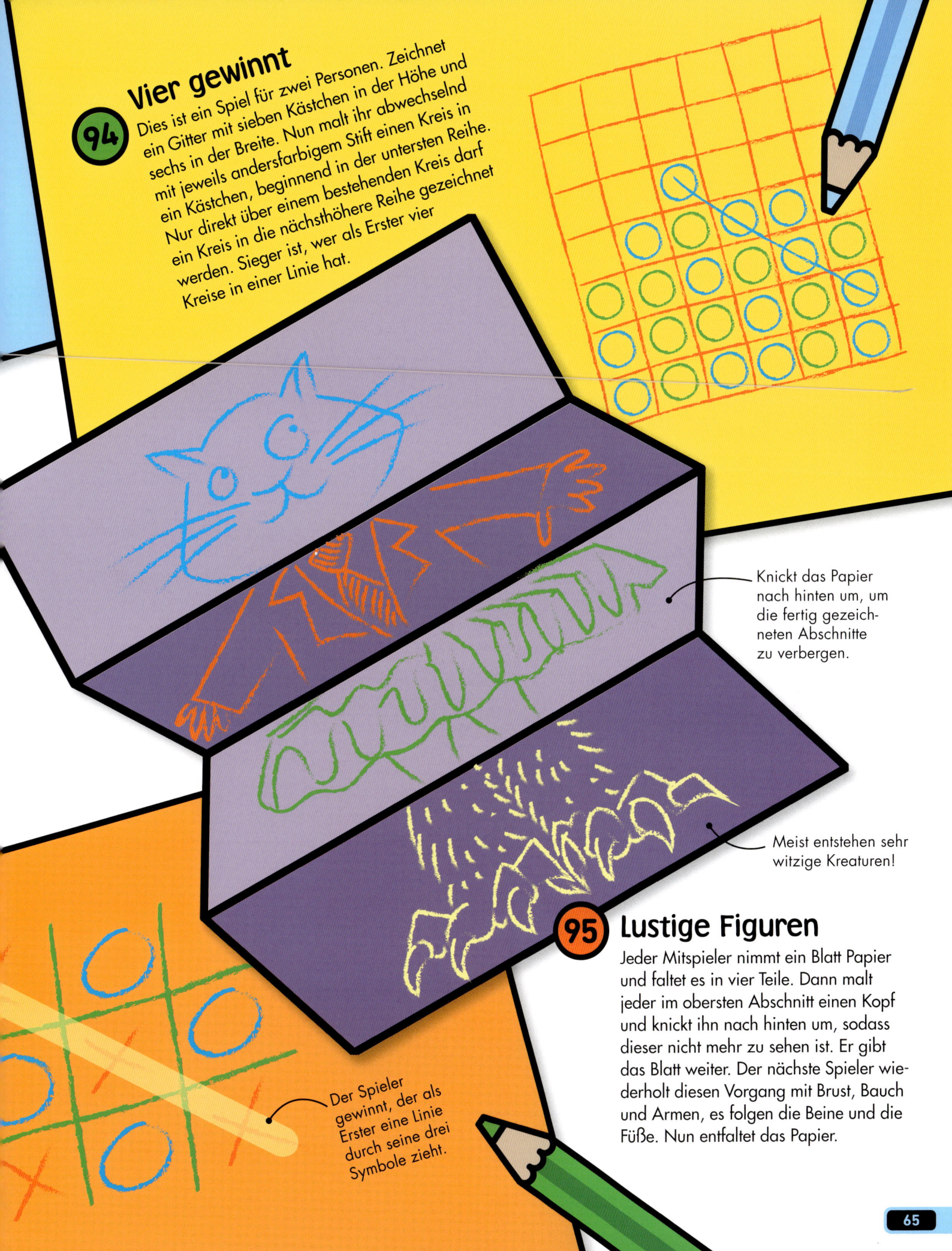

Knickt das Papier nach hinten um, um die fertig gezeichneten Abschnitte zu verbergen.

Meist entstehen sehr witzige Kreaturen!

95 Lustige Figuren

Jeder Mitspieler nimmt ein Blatt Papier und faltet es in vier Teile. Dann malt jeder im obersten Abschnitt einen Kopf und knickt ihn nach hinten um, sodass dieser nicht mehr zu sehen ist. Er gibt das Blatt weiter. Der nächste Spieler wiederholt diesen Vorgang mit Brust, Bauch und Armen, es folgen die Beine und die Füße. Nun entfaltet das Papier.

Der Spieler gewinnt, der als Erster eine Linie durch seine drei Symbole zieht.

SCHREIBE EIN LIED

Wolltest du schon immer mal ein Lied schreiben?
Hier wird dir gezeigt, wie du dabei vorgehen kannst.
Mit diesen Anregungen und Tipps wirst du bestimmt
ein erfolgreicher Liedermacher!

Verfasse den Liedtext

Entscheide erst, worum es in deinem Lied geht. Am
besten schreibst du über etwas, das du gut kennst oder
erlebt hast – über deine beste Freundin oder deinen
besten Freund, deinen Lieblingssport oder dein Haus-
tier! Versuche aus deinen Erfahrungen einen Liedtext
zu schreiben.

Summe eine Melodie

Um eine hübsche Melodie zu finden, summe ein paar Töne laut vor dich hin. Hört sie sich gut an? Probiere unterschiedliche Tonkombinationen, bis dir eine gefällt.

1. Strophe

Lieder setzen sich oft
aus mehreren einzelnen
Abschnitten von vier bis
sechs Zeilen zusammen,
den sogenannten Strophen.
Meist klingt es ganz gut,
wenn sich zwei Verse innerhalb einer Strophe reimen.

Refrain

Der Refrain sollte schön
klingen, eingängig und
einfach zu singen sein.
Spare dir also die besten
Zeilen für den Refrain auf.

Die zweite Strophe sollte
sich von der ersten unterscheiden. Sie sollte die
Geschichte weitererzäh-
len oder ein ähnliches
Thema ansprechen. Du
kannst so viele Strophen
schreiben, wie du willst!

2. Strophe

Refrain

Wiederhole den
Refrain nach jeder
Strophe. Normaler-
weise endet ein Lied
mit dem Refrain.

Instrumente

Spielst du ein Instrument? Wenn ja, könntest du es als Begleitung zu deinem Lied spielen. Nicht alle Lieder haben einen Text, vielleicht möchtest du nur eine Melodie komponieren. Man nennt das Musikstück dann instrumental.

Betreibe Forschung

Höre dir unterschiedliche Arten von Musik an und lass dich davon inspirieren. Höre dir alles an, was dir gefällt, egal ob es Pop, Rock, Blues oder Rap ist. Teste aber auch Musik, die du normalerweise nicht hörst, wie z. B. Jazz oder Klassik.

Duett

Schreibe dein Lied zusammen mit einem Freund. Wenn ihr gemeinsam singt, hilft dies gegen Lampenfieber. Ein Lied mit zwei Sängern nennt man Duett.

97
Verändere ein Lied

Suche dir eines deiner Lieblingslieder aus und verändere den Text so, dass es lustig oder traurig wird. Oder mach etwas ganz Neues daraus und verändere die Melodie. Wie würde sich ein Popsong als Rap anhören?

98
Werde ein Star

Du kannst deine Stimme mit einem Tonbandgerät aufnehmen oder dein Lied live aufführen. Suche dir zu Hause eine Bühne. Wie soll sie aussehen? Denke an ein Kostüm. Gibt es Hintergrundsänger? Lade Freunde und Familie zu deinem Konzert ein.

99
Musical

Nachdem du ein Lied geschrieben hast, kannst du versuchen ein ganzes Musical zu erfinden! In einem Musical erzählen mehrere Lieder eine Geschichte. Hier wird auch getanzt. Auf Seite 16–17 kannst du passende Tanzschritte lernen.

BAUE DEIN EIGENES INSTRUMENT

101 Strohhalm-Panflöte

⚠ Aus ein paar Strohhalmen kannst du dein eigenes Blasinstrument basteln.

TOP TIPP
Wenn du drei Instrumente gebaut hast, gründe mit zwei Freunden eine Band!

100

Gummiband-Gitarre

Werde ein Rockstar! Mit einer Gummiband-Gitarre kannst du schon mal anfangen zu üben.

1 Suche sechs elastische Gummibänder in unterschiedlichen Stärken. Sortiere sie vom schmalsten zum breitesten aufwärts und spanne sie in dieser Reihenfolge über eine Plastikdose. Zupfe sie, um zu hören, dass jedes Gummi einen eigenen Klang hat.

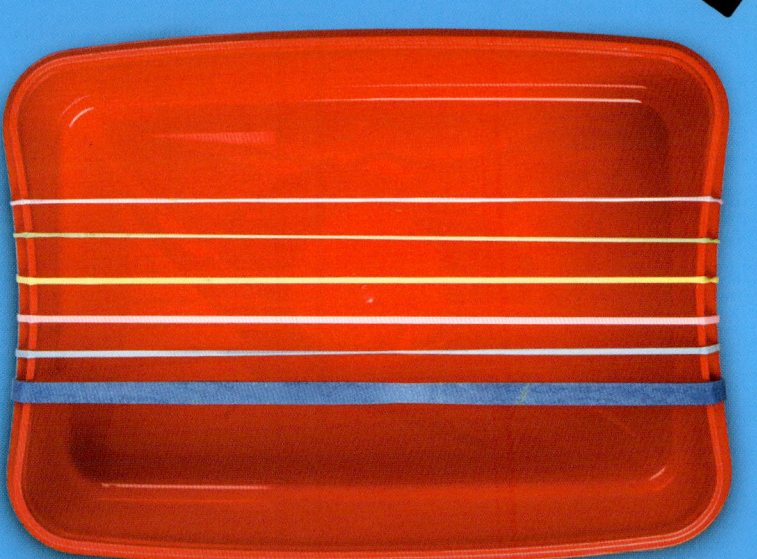

⚠ **2** Schneide ein großes Loch in einen Pappkarton und lege die Plastikdose hinein. Male das Griffbrett auf Karton, schneide es aus und befestige es unten an der Pappschachtel. Nun kannst du losrocken!

1 Nimm ein paar Strohhalme und schneide sie so ab, dass jeder Halm 1 cm kürzer ist als der davorliegende.

2 Klebe die Strohhalme im oberen Bereich mit Klebeband zusammen. Blase entlang des geraden Endes in die Löcher der Halme.

Mach Töne!

Mit welchen anderen Dingen und Materialien zu Hause lassen sich Geräusche machen? Wie kann man verschiedene Töne erzeugen? Erfinde dein eigenes Instrument!

Welches Geräusch entsteht, wenn man Papier und Alufolie aneinander reibt?

102

Glas-Orgel

Aus ein paar Glasgefäßen und einem Teelöffel lässt sich eine eigene Orgel bauen! Fülle jedes Glasgefäß mit einer unterschiedlichen Menge Wasser und schlage es vorsichtig mit dem Löffel an.

Füge Speisefarbe hinzu, um der Orgel ein cooleres Aussehen zu verpassen.

Erzeugt mehr Wasser einen höheren oder tieferen Ton?

103 Künstlerkarte

Falte ein Blatt dünnes Tonpapier in der Hälfte und verziere die Vorderseite mit Zeichnungen oder Collagen.

104 Menschenkette

1 Falte ein Blatt Papier wie eine Ziehharmonika.

2 Zeichne einen halben Menschen auf die Vorderseite und schneide die Umrisse aus. Achte darauf, dass der Arm über die Knickstelle hinausreicht.

3 Falte die Girlande auf!

SPIEL UND SPASS

Name
Adresse Zeile 1
Adresse Zeile 2
Adresse Zeile 3

Datum

107 Brief

Anstatt einer Nachricht auf dem Handy kannst du doch mal einen Brief versenden. Notiere deinen Namen, deine Adresse und das Datum rechts oben und beginne zu schreiben.

108

Comic

Unterteile ein Blatt Papier in Kästen und zeichne einen Comic.

109 Fächer

1 Falte ein Blatt Papier wie eine Ziehharmonika.

2 Fixiere ein Ende mit einer Wäscheklammer. Nun kannst du ihn auffächern. Verziere den Fächer.

105
Papierkette

Schneide buntes Papier in Streifen und klebe diese in ineinandergreifenden Ringen zusammen. Mit der bunten Kette kannst du dein Zimmer dekorieren.

106
Laterne

1 Falte ein Blatt Papier längs in der Hälfte und schneide an der Seite mit dem Falz Streifen ein. Achte darauf, dass du nicht bis zum Ende des Blattes schneidest.

2 Falte das Papier auf und klebe die beiden Enden zusammen.

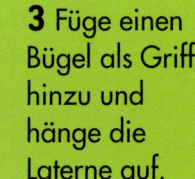

3 Füge einen Bügel als Griff hinzu und hänge die Laterne auf.

MIT ... PAPIER

110
Design-Lesezeichen

Klebe ein Blatt Papier auf festen Karton, schneide einen breiten Streifen aus und benutze ihn als Lesezeichen. Bemale es mit Motiven aus den Büchern, die du gerade liest!

111
Papierhubschrauber

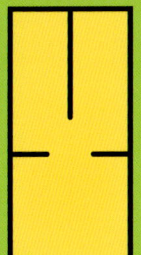

1 Schneide entlang der geraden Linien.

2 Falte entlang der gepunkteten Linien.

3 Falte die oberen Laschen nach unten.

4 Befestige unten eine Büroklammer und lass den Hubschrauber fallen. Was passiert?

112
Schablone

Drucke ein Bild eines Tieres oder einer Blume aus und schneide es entlang der Umrisse aus. Du kannst das Blatt nun als Schablone benutzen.

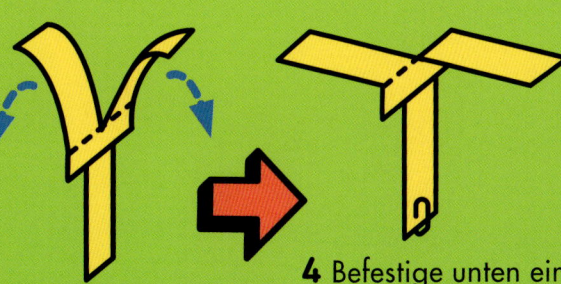

1 Falte das Blatt senkrecht auf die Hälfte. Falte es wieder auf.

2 Knicke die obere linke und rechte Ecke zur mittleren Falzlinie.

⑪③ BASTLE EINEN PAPIERFLIEGER

Mit einem einfachen DIN-A4-Blatt kannst du die Lüfte erobern! Wie weit fliegt dein Papierflieger?

7 Wirf den Flieger!

Das ist das kleine Dreieck.

6 Falte das Papier so zur Hälfte, dass das kleine Dreieck außen liegt. Dann falte die Flügel entlang der gestrichelten Linie nach unten.

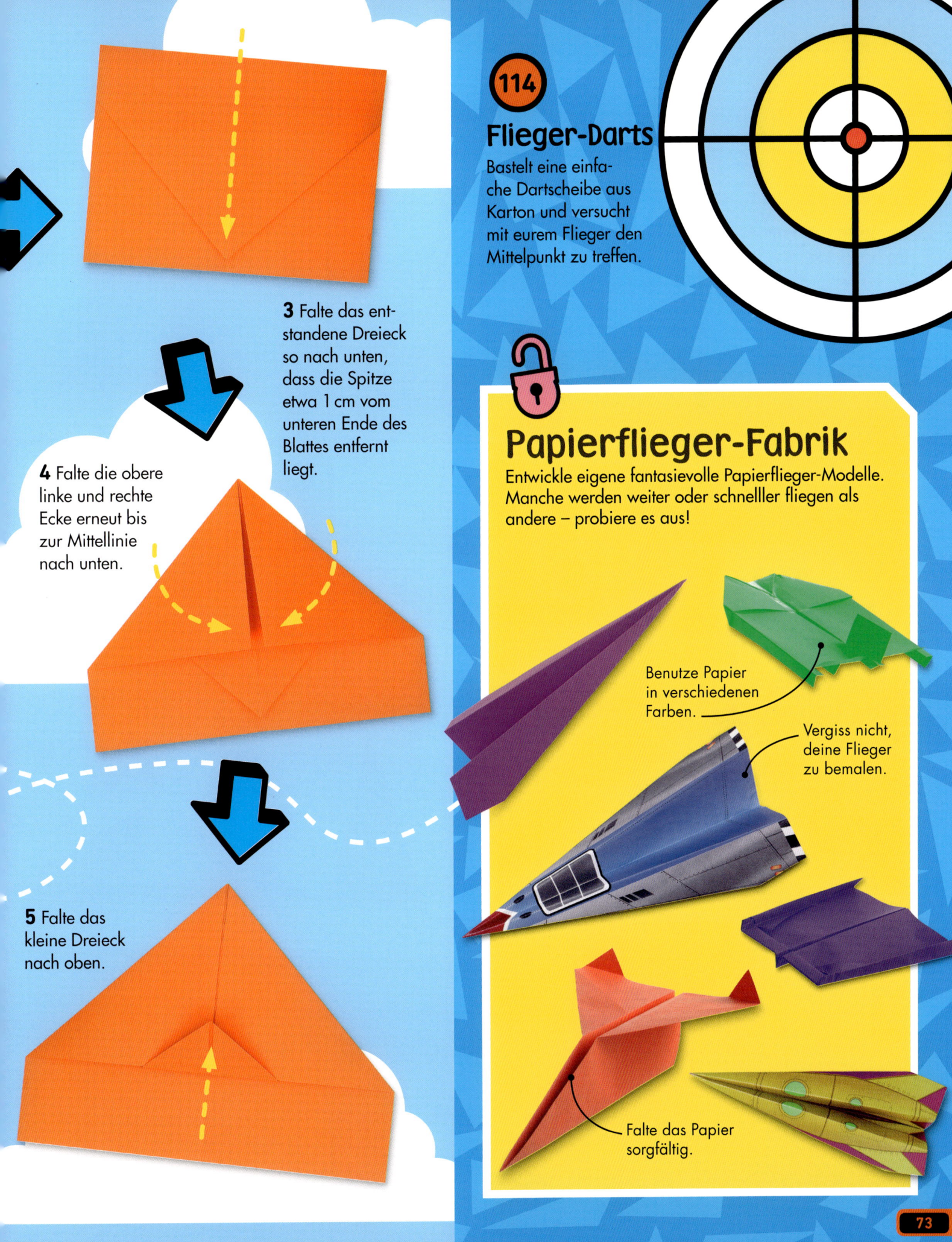

3 Falte das entstandene Dreieck so nach unten, dass die Spitze etwa 1 cm vom unteren Ende des Blattes entfernt liegt.

4 Falte die obere linke und rechte Ecke erneut bis zur Mittellinie nach unten.

5 Falte das kleine Dreieck nach oben.

114

Flieger-Darts

Bastelt eine einfache Dartscheibe aus Karton und versucht mit eurem Flieger den Mittelpunkt zu treffen.

Papierflieger-Fabrik

Entwickle eigene fantasievolle Papierflieger-Modelle. Manche werden weiter oder schnelller fliegen als andere – probiere es aus!

Benutze Papier in verschiedenen Farben.

Vergiss nicht, deine Flieger zu bemalen.

Falte das Papier sorgfältig.

Du brauchst:
- Blatt Papier
- Schere
- 1 schwarzen Stift und 4 farbige Stifte

⚠️ **1** Schneide ein Quadrat aus.

2 Falte das Quadrat waagerecht zur Hälfte und öffne es wieder. Wiederhole das Gleiche senkrecht.

(115) HIMMEL ODER HÖLLE

Wolltest du schon immer mal in die Zukunft sehen? Nichts einfacher als das mit diesem Himmel-oder-Hölle-Spiel. Deine Freunde werden beeindruckt sein, wenn du ihnen ihr Schicksal vorhersagen kannst.

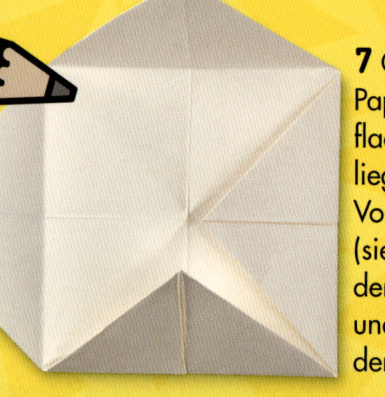

7 Öffne das gefaltete Papier wieder, bis es flach auf dem Tisch liegt. Schreibe deine Vorhersagen darauf (siehe Abbildung auf der rechten Seite), und falte es wieder zusammen.

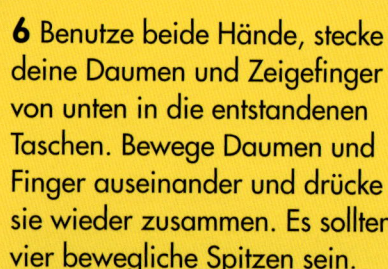

6 Benutze beide Hände, stecke deine Daumen und Zeigefinger von unten in die entstandenen Taschen. Bewege Daumen und Finger auseinander und drücke sie wieder zusammen. Es sollten vier bewegliche Spitzen sein.

Nun sieht
es so aus.

3 Falte alle vier Ecken zur Mitte. Es entsteht ein kleineres Quadrat.

Und nun sieht es so aus.

4 Wende das Papier und falte erneut die äußeren Ecken zur Mitte.

5 Falte das Papier waagerecht so zur Hälfte, dass die gefalteten Kanten innen liegen.

An der Außenseite sollten vier Taschen entstanden sein.

Beschrifte das Himmel-oder-Hölle-Spiel

Male die vier Eckfelder in den vier gewählten Farben aus. Schreibe Zahlen auf die acht angrenzenden Dreiecke. Das kleinere innere Quadrat besteht aus acht Teilen. Hier kannst du mögliche Antworten auf die dir gestellten Fragen schreiben.

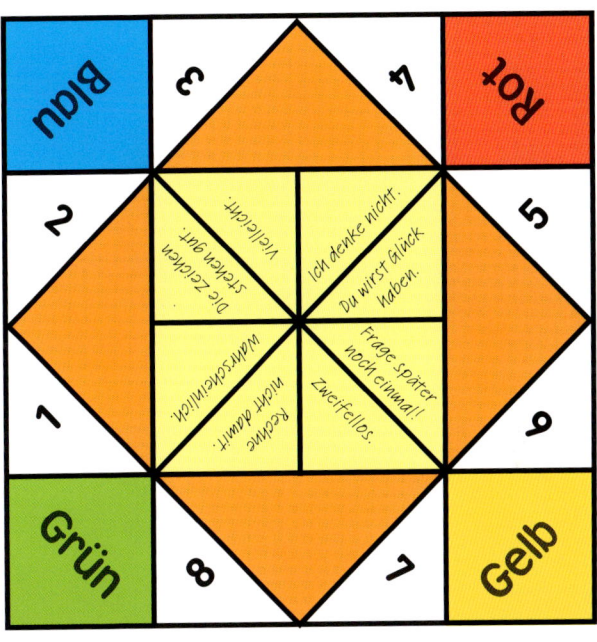

Sage die Zukunft voraus

1. Bitte deinen Freund eine Frage zu seiner eigenen Person zu stellen, die mit ja, nein oder vielleicht beantwortet werden kann.

2. Bitte ihn, eine Farbe zu wählen.

3. Bewege dein „Himmel oder Hölle" so oft zusammen und auseinander wie es die Buchstabenanzahl dieser Farbe vorgibt (blau = 4).

4. Bitte deinen Freund, eine Zahl zu wählen.

5. Bewege dein „Himmel oder Hölle" entsprechend oft zusammen und auseinander.

6. Bitte ihn ein weiteres Mal, eine Zahl zu wählen.

7. Öffne die Klappe mit dieser Ziffer und du erhältst die Antwort.

FALTE EINEN PAPIERFROSCH

1 Du brauchst ein grünes quadratisches Papier. Falte es waagerecht in der Mitte und klappe es wieder auf.

2 Falte es als nächstes senkrecht in der Mitte.

3 Falte es noch ein zweites Mal senkrecht und klappe es wieder auf. Die Falten brauchst du später zur Orientierung.

8 Benutze die entstandenen Falzlinien und knicke die Kanten so nach innen, dass sie in der Mitte zusammenkommen. Am oberen Ende entsteht so ein Dreieck, das nach unten flach gedrückt wird.

9 Falte die untere Hälfte des Papiers waagerecht so nach oben, dass sie die Unterkante des Dreiecks berührt.

10 Falte die linke Seite des Papiers in der Hälfte und stecke es unter das Dreieck. Das Dreieck wird nicht gefaltet.

15 Stecke deine Zeigefinger in die Taschen, die beidseitig des Rechtecks entstanden sind. Ziehe die inneren Kanten heraus und streiche das Papier glatt. Die Figur sollte nun wie ein Segelboot aussehen.

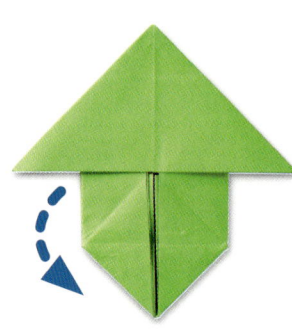

16 Falte die Spitzen rechts und links so nach unten, dass sie sich in der Mitte treffen.

17 Falte die rechte und linke Spitze des Dreiecks nach oben. Der Winkel soll dem auf dem Foto entsprechen.

Origami ist die Kunst, Papier so zu falten, dass dabei tolle Figuren entstehen. Folge der Anleitung und falte einen lustigen Origami-Frosch, der richtig hüpfen kann!

4 Falte die rechte obere Ecke diagonal nach links bis zum Papierrand und klappe sie wieder auf.

5 Wiederhole diesen Schritt mit der linken oberen Ecke.

6 Wende dein Origamipapier.

7 Falte das oben entstandene Quadrat in der Mitte waagerecht nach unten und entfalte es. Wende das Papier.

11 Wiederhole den letzten Schritt mit der rechten Seite.

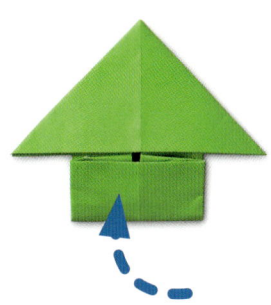

12 Falte die untere Hälfte des Papiers waagerecht nach oben, sodass sie die Unterkante des Dreiecks berührt.

13 Falte die Vorderseite des linken Quadrats diagonal zur Mitte. Klappe sie wieder auf und streiche das Papier glatt.

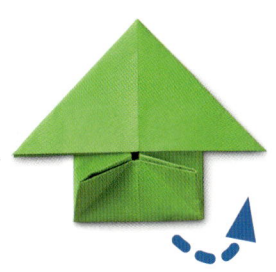

14 Wiederhole den letzten Schritt mit dem rechten Quadrat.

18 Falte den rechten unteren Teil des Papiers nach außen, wie im Foto zu sehen. Wiederhole dies auf der linken Seite.

19 Falte den gesamten Frosch waagerecht in der Mitte nach oben.

20 Falte die Hälfte des Rechtecks wieder waagerecht nach unten. Glätte diesen Falz gut.

21 Drehe die Figur um – fertig ist dein Papierfrosch!

Auf der nächsten Seite erfährst du, wie du den Frosch zum Hüpfen bringst!

Versuche, deinen Frosch auf seiner Bahn zu halten. Das ist schwerer als du glaubst!

Start

117

Wetthüpfen

Bastle mehrere Frösche und fordere deine Familie oder Freunde in einem Wetthüpfen heraus. Bestimme Start und Ziel. Welcher Frosch hüpft als Erster über die Zielgerade und gewinnt das Spiel?

Drücke den Frosch auf der Hinterseite nach unten und lass ihn dann hüpfen.

HÜPF LOS!

Der Spaß beginnt erst richtig, wenn dein Frosch fertig ist. Es gibt jede Menge Spiele, die du mit ihm spielen kannst. Hier sind ein paar Ideen für den Anfang – lass ihn hüpfen!

Ziel

Wenn du Origami-papier in unterschied-lichen Farben benutzt, könnt ihr die Frösche besser unterscheiden.

118

Teichsprung

Schmücke eine Schüssel mit Papierschilf, sodass es wie ein Teich aussieht. Platziere deine Frösche außerhalb des Gefäßes. Schaffst du es, einen Frosch in den Teich springen zu lassen?

119

Wie hoch?

Frösche springen nicht nur vowärts, sie können auch in die Höhe hüpfen. Zeichne eine Messlatte für Frösche. Je höher dein Frosch springt, desto mehr Punkte bekommst du. Vergleiche dich mit deinen Freunden – wer bekommt die meisten Punkte?

10 Punkte

5 Punkte

2 Punkte

0 Punkte

TOP TIPP
Versuche mal, einen Riesenfrosch zu falten. Du brauchst ein größeres Stück Papier. Je größer dein Frosch, desto weiter kann er hüpfen!

DENKSPORT

Es gibt zahlreiche Wege, deine Freunde mit lustigen Rätseln auf die Probe zu stellen. Alles, was du brauchst, ist Papier und ein Stift, um dein eigenes Labyrinth, Kreuzworträtsel, Quiz oder sonstiges Rätsel zu entwickeln. Wer wird heute der Sieger sein?

120 Zeichne ein Labyrinth

Verwirre deine Freunde mit einem von dir gezeichneten Labyrinth und schau, ob einer von ihnen den Weg hinausfindet.

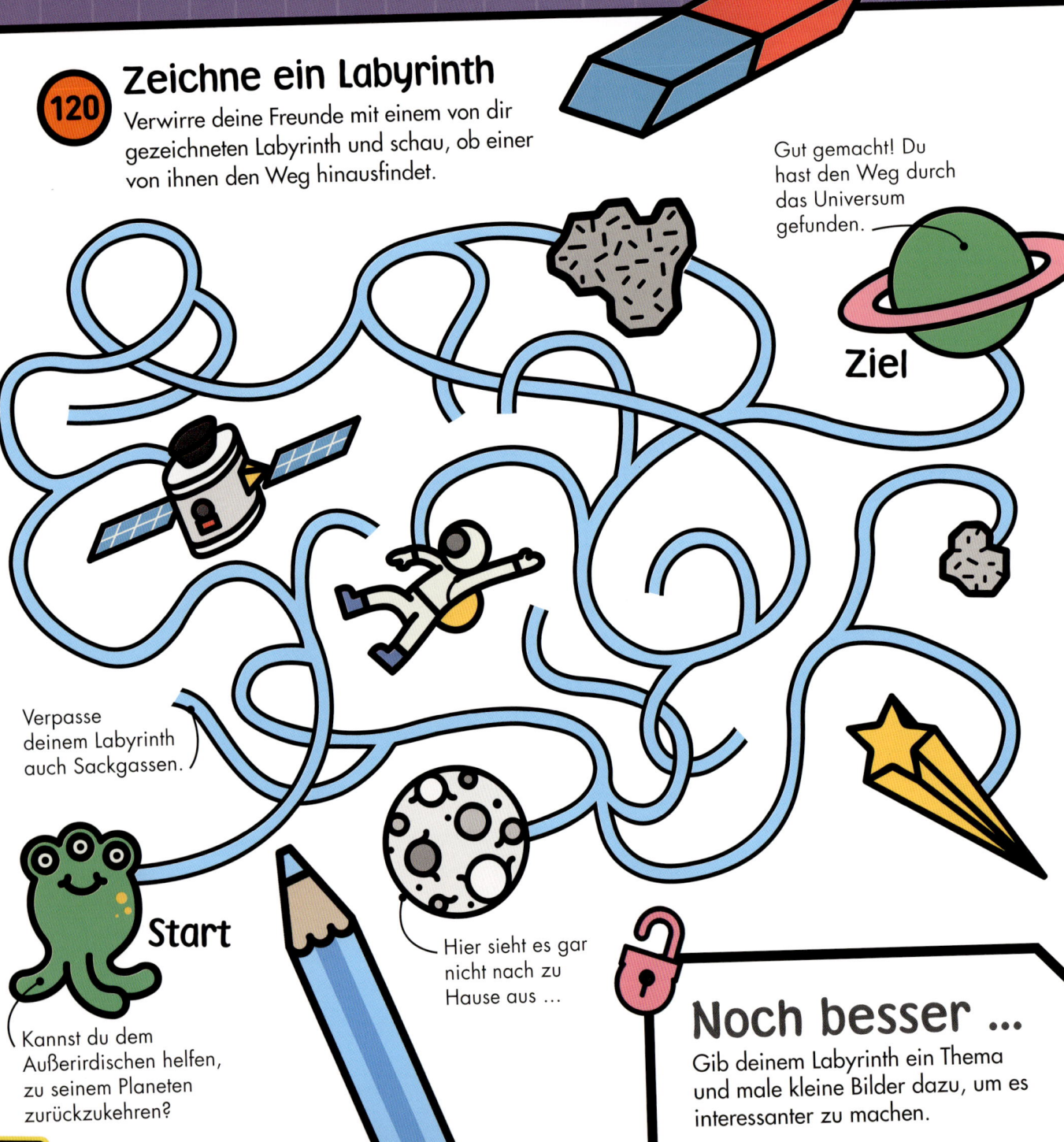

Gut gemacht! Du hast den Weg durch das Universum gefunden.

Ziel

Verpasse deinem Labyrinth auch Sackgassen.

Start

Kannst du dem Außerirdischen helfen, zu seinem Planeten zurückzukehren?

Hier sieht es gar nicht nach zu Hause aus ...

Noch besser ...

Gib deinem Labyrinth ein Thema und male kleine Bilder dazu, um es interessanter zu machen.

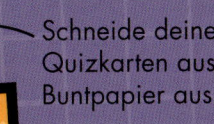

Schneide deine Quizkarten aus Buntpapier aus.

121 Entwickle ein Quiz

Finde mithilfe einfacher Quizfragen heraus, welcher deiner Freunde das beste Allgemeinwissen hat. Schreibe zehn Fragen auf Karteikarten. Überlege dir vier mögliche Antworten pro Frage und gehe sicher, dass nur eine davon richtig ist. Nun, wer ist der Schlaueste?

122 Rätselzeit

Sind deine Freunde so schlau, wie sie tun? Teste sie mit diesen Rätseln – das ist echtes Gehirnjogging! Anschließend kannst du eigene Rätsel erfinden. (Die Antworten findest du ganz unten.)

1. Was wird nasser, je trockener du wirst?

2. Mein Bungalow hat gelbe Wände, ein gelbes Telefon und es lebt dort ein gelber Hund. Welche Farben haben die Treppen?

3. Ich bin so zart wie eine Feder, aber auch die stärkste Person kann meinen Zug nicht länger als ein paar Minuten anhalten. Was bin ich?

4. Was hat einen Fuß und trägt einen Hut, hat aber keine Arme?

Antworten: 1. Ein Handtuch 2. Ein Bungalow hat keine Treppen 3. Der Atem 4. Ein Pilz

123 Buchstabensalat

Wie schnell finden deine Freunde die versteckten Wörter in deinem selbst gemachten Buchstabensalat?

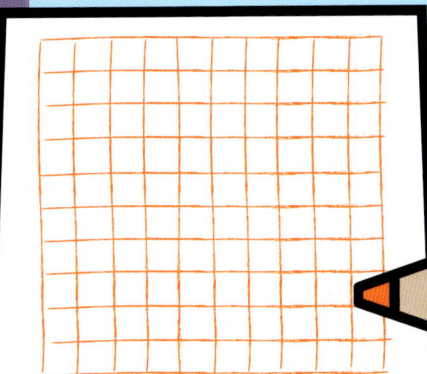

1 Zeichne ein Gitter mit zehn Spalten und zehn Reihen. So erhältst du 100 Kästchen.

2 Schreibe acht Wörter in das leere Kästchengitter, jeweils ein Buchstabe pro Kästchen. Die Wörter können waagerecht, senkrecht, diagonal oder sogar rückwärts verlaufen.

All
Asteroid
Mond
Astronaut
Stern
Rakete
Mars
Planet

3 Schreibe die gesuchten Wörter neben deinen Buchstabensalat, damit deine Freunde wissen, wonach sie suchen sollen.

4 Fülle die restlichen Kästchen mit beliebigen Buchstaben, um deine Wörter in dem Buchstabensalat zu verstecken.

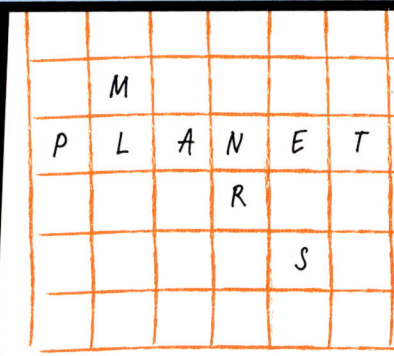

UMWELTSCHUTZ

Die Menschen produzieren viel Müll, der die Umwelt verschmutzt. Hier sind einige Ideen, wie du einen Teil zum Umweltschutz beitragen kannst. Vermeide und recycle Müll!

Vermeiden

Produziere nicht so viel Müll, indem du weniger Neues kaufst. Gebrauchte Dinge sind oft genauso gut.

Mehrmals nutzen

Finde Möglichkeiten, Dinge wiederzuverwenden, anstatt sie gleich wegzuwerfen.

Recyceln

Recyceln bedeutet, aus gebrauchten Dingen neue Gegenstände herzustellen.

124

Karten-Recycling

Viele Dinge kann man wiederverwenden. Aus alten Karten kann man schöne Geschenkanhänger basteln.

1 Schneide dein Lieblingsmotiv aus der Post- oder Geburtstagskarte aus.

2 Stanze mit einem Locher ein Loch in das obere Ende.

3 Ziehe ein Stück Schnur durch das Loch – fertig ist dein Geschenkanhänger.

Aus einigen Müllsorten kannst du Komposterde herstellen, die gut für deine Pflanzen ist. Nimm eine Kiste, fülle etwas Erde hinein und folge diesen Tipps zur Zusammensetzung. Schichte den Kompost regelmäßig um. Nach etwa einem Monat sollte er fertig sein.

Zwei Teile Altpapier

Geschredderte Zeitungen und Druckerpapier

Eierschachteln und Kartons

Ein Teil Grünabfälle

Gemüseschalen

Grasschnitt

Kaffeesatz

Benutzte Teebeutel (ohne Fäden, Klammern, Schilder)

TOP TIPP

Nicht alle Lebensmittelabfälle eignen sich. Hier sind einige Dinge, die nicht im Kompost landen sollten.

Chili-schoten

Knoblauch

Zitrusfrüchte

Fleisch

Fisch

Milchprodukte

Eier

125
Stelle Kompost her

126
Klamottentausch

Organisiere eine Tauschparty mit Freunden, um kostenfrei an „neue" Kleidung zu kommen! Sieh in deine Schränke und sortiere aus, was du nicht mehr brauchst. Frage erst deine Eltern, ob du die ausgewählten Sachen weggeben darfst. Bitte deine Freunde, es ebenso zu machen. Anschließend trefft euch zum Tauschen!

127
Sammle Müll

 Wenn du auf der Straße oder in der Natur Müll liegen siehst, frage deine Eltern, ob du ihn aufheben darfst. Wenn ja, ab damit in die Tonne! Benutze Handschuhe und sortiere Papier, Plastik und Flaschen in spezielle Recyclingbehälter.

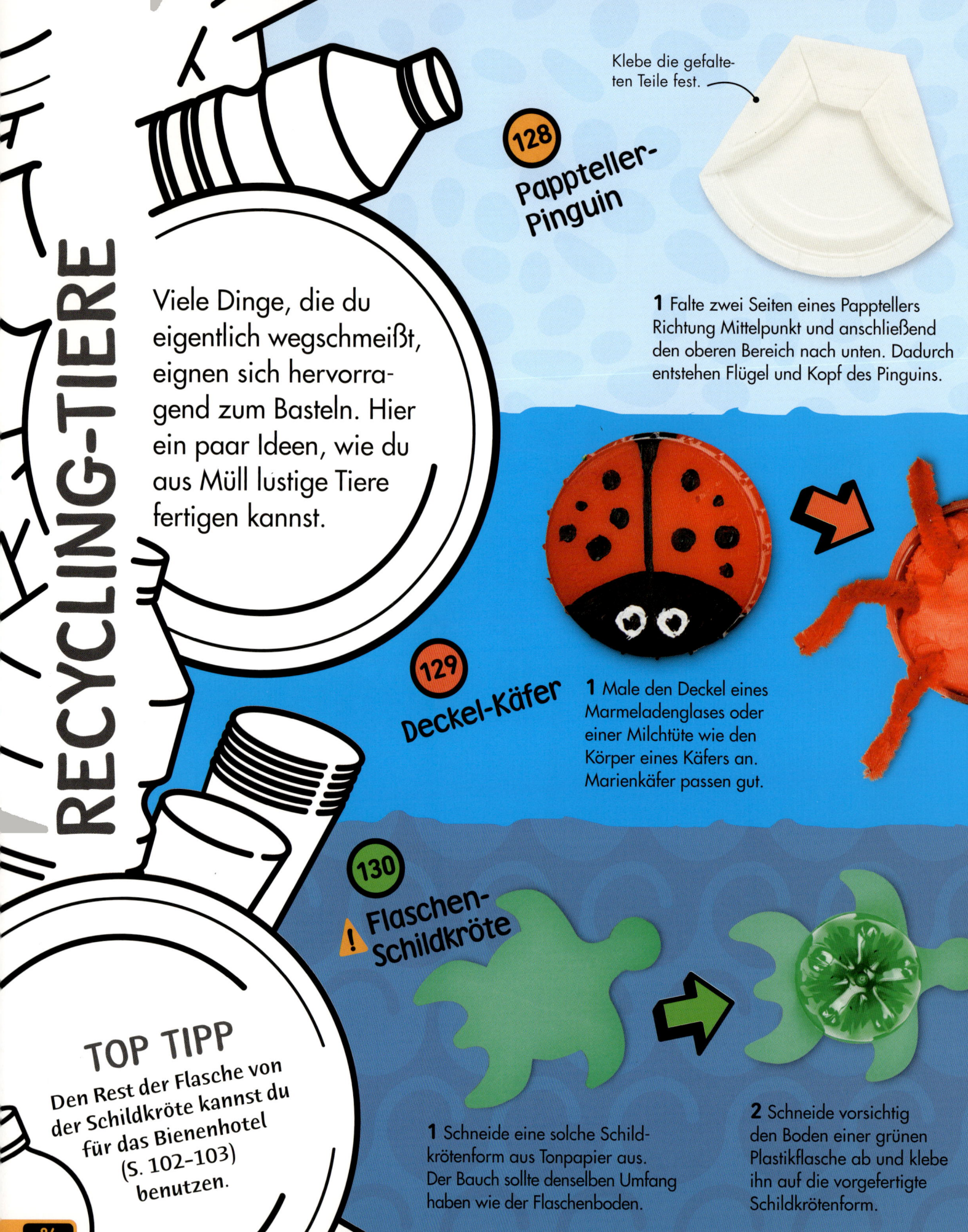

RECYCLING-TIERE

Viele Dinge, die du eigentlich wegschmeißt, eignen sich hervorragend zum Basteln. Hier ein paar Ideen, wie du aus Müll lustige Tiere fertigen kannst.

TOP TIPP

Den Rest der Flasche von der Schildkröte kannst du für das Bienenhotel (S. 102–103) benutzen.

Klebe die gefalteten Teile fest.

128

Pappteller-Pinguin

1 Falte zwei Seiten eines Papptellers Richtung Mittelpunkt und anschließend den oberen Bereich nach unten. Dadurch entstehen Flügel und Kopf des Pinguins.

129

Deckel-Käfer

1 Male den Deckel eines Marmeladenglases oder einer Milchtüte wie den Körper eines Käfers an. Marienkäfer passen gut.

130

⚠ Flaschen-Schildkröte

1 Schneide eine solche Schildkrötenform aus Tonpapier aus. Der Bauch sollte denselben Umfang haben wie der Flaschenboden.

2 Schneide vorsichtig den Boden einer grünen Plastikflasche ab und klebe ihn auf die vorgefertigte Schildkrötenform.

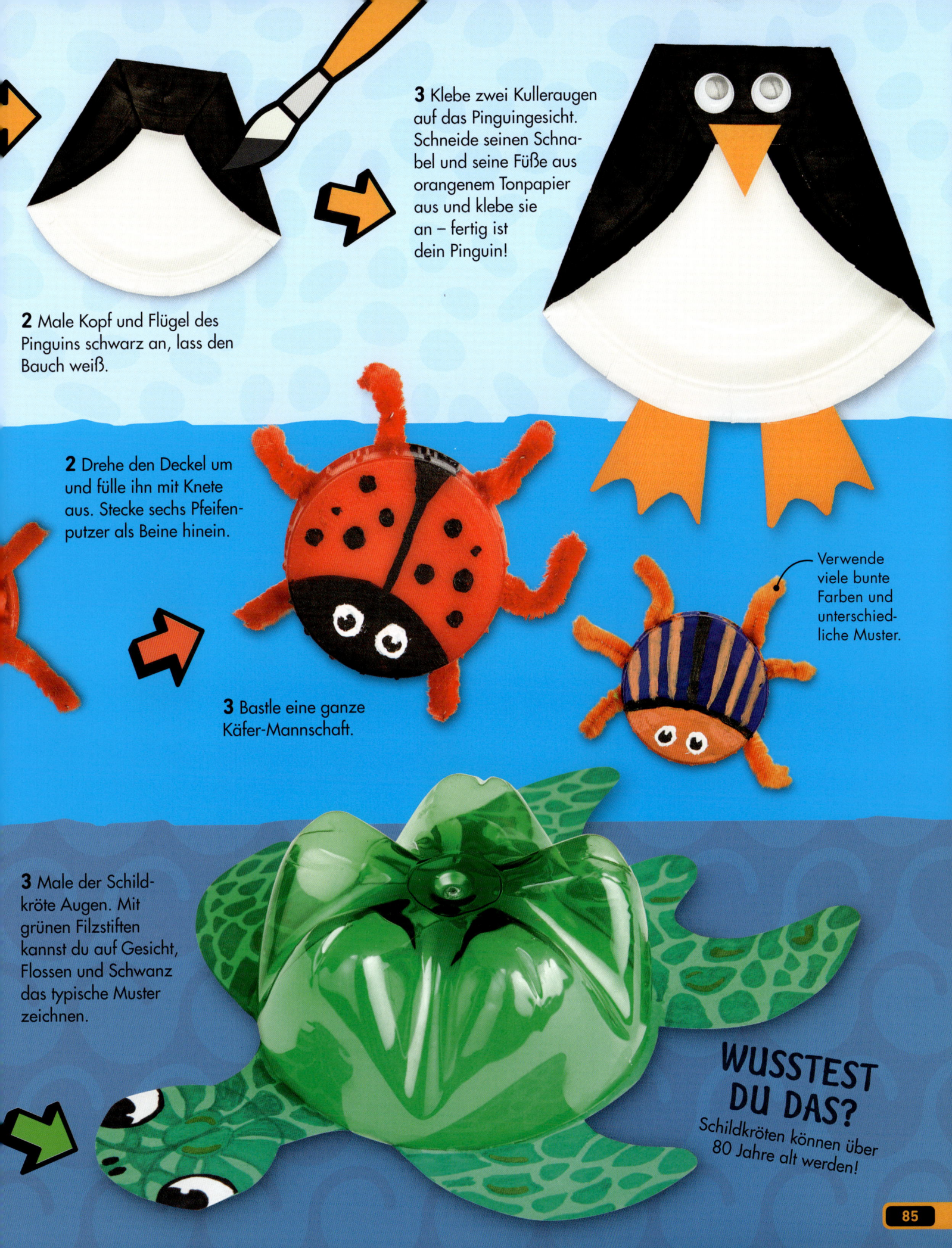

3 Klebe zwei Kulleraugen auf das Pinguingesicht. Schneide seinen Schnabel und seine Füße aus orangenem Tonpapier aus und klebe sie an – fertig ist dein Pinguin!

2 Male Kopf und Flügel des Pinguins schwarz an, lass den Bauch weiß.

2 Drehe den Deckel um und fülle ihn mit Knete aus. Stecke sechs Pfeifenputzer als Beine hinein.

3 Bastle eine ganze Käfer-Mannschaft.

Verwende viele bunte Farben und unterschiedliche Muster.

3 Male der Schildkröte Augen. Mit grünen Filzstiften kannst du auf Gesicht, Flossen und Schwanz das typische Muster zeichnen.

WUSSTEST DU DAS?
Schildkröten können über 80 Jahre alt werden!

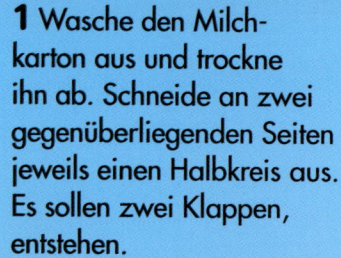

1 Wasche den Milch-karton aus und trockne ihn ab. Schneide an zwei gegenüberliegenden Seiten jeweils einen Halbkreis aus. Es sollen zwei Klappen, entstehen.

Du brauchst:
- Großen Milchkarton
- Schere und Kleber
- Pappe und Farbe zur Dekoration
- Stabilen Strohhalm
- Vogelfutter
- Schnur

⑬¹ VOGEL-FÜTTERUNG

⚠ Hörst du die Vögel draußen zwitschern? Wenn du einige von ihnen aus der Nähe sehen möchtest, verteile Vogelfutter für sie. Diese Futterstelle ist eine bunte Möglichkeit, deine gefiederten Freunde zu versorgen.

2 Schneide auf einer drit-ten Seite des Kartons einen weiteren, etwas größeren Halbkreis aus, dessen gerade Seite nach unten zeigt. Diese Form musst du komplett ausschneiden.

3 Bemale den Karton so, dass er aussieht wie ein bunter Vogel. Die Klappen sind die Flügel. Bastle aus Ton-papier einen Schnabel und klebe ihn auf den Karton.

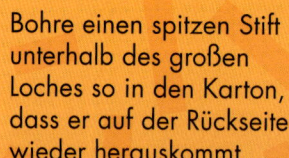

Bohre einen spitzen Stift unterhalb des großen Loches so in den Karton, dass er auf der Rückseite wieder herauskommt.

Binde deine Vogelfutter-
stelle mit einer Schnur an
einen Ast.

TOP TIPP

Verschiedene Futter-
sorten ziehen unter-
schiedliche Vögel an.
Wenn du kein Vogel-
futter hast, kannst du
es mit Rosinen, Nüssen
oder sogar Würmern
versuchen!

132

Führe ein
Vogeltagebuch

Sieh aus dem Fenster und du wirst
zu unterschiedlichen Jahreszeiten
unterschiedliche Vögel sehen. Führe
einen Kalender und notiere, welche
Vogelart in welchem Monat deinen
Garten besucht.

4 Stecke einen
Strohhalm durch
das Loch und fülle
etwas Vogelfutter
in den Karton.

Der Strohhalm wird
die Sitzstange für die
hungrigen Vögel.

14. Mai

15. Mai

Damit deine Karte alt wirkt, drücke einen feuchten Teebeutel auf das Papier, um es wie Pergament aussehen zu lassen. Du kannst es auch ein wenig zerknittern.

Palmen könnten Pflanzen oder Lampen darstellen.

1 Zeichne deine Schatzinsel auf ein großes Blatt Papier. Jedes Detail sollte zu einem Gegenstand im Zimmer in Verbindung stehen – ein Teppich könnte z. B. einen See darstellen und ein Regal einen Wasserfall.

2 Entscheide, was der Schatz sein soll, und verstecke ihn an einem ausgewählten Ort. Wo ist dieser auf der Karte? Zeichne ein großes rotes X ein, um ihn zu markieren!

3 Nun ist es Zeit, die Schatzsuche zu beginnen. Zeige deinen Freunden die Karte und gib ihnen Tipps, um den Schatz zu finden!

Ordne jedes Detail deiner Karte so an, dass es der Stelle des Gegenstands im Raum ähnelt. Liegt also der Teppich in der Mitte des Zimmers, zeichne den See in die Mitte der Karte.

Ein Stein könnte den Fernseher symbolisieren.

133 SCHATZSUCHE

Veranstalte deine eigene Schatzsuche! Lege zuerst fest, wo die Suche stattfinden soll. Am besten wählst du einen Ort, den du gut kennst, wie euer Wohnzimmer. Dann male eine Karte von deiner Schatzinsel.

Ein Lehnstuhl könnte eine Höhle sein.

Ein Wasserfall könnte ein Regal sein.

Ein Schiffswrack könnte euer Sofa darstellen!

Du könntest einen Bären anstelle eines großen Kuscheltiers malen!

Bastle eine Schatztruhe

134 Suche eine alte Schachtel – es könnte eine Schuhkarton sein oder auch eine kleinere Box. Bemale sie so, dass sie wie eine Piratentruhe aussieht. Fülle sie mit Süßigkeiten, kleinen Spielsachen oder Münzen.

Vergrabe eine Zeitkapsel

135 Eine Zeitkapsel ist ein Behälter, der Dinge aus der Gegenwart beinhaltet, z. B. Fotos, Bücher oder Spielzeug. Verstecke die „Kapsel" im Garten oder in einem Schrank, damit du oder jemand anderes sie in der Zukunft findet.

Wenn du deine „Kapsel" draußen versteckst, brauchst du einen wasserdichten Behälter, z. B. eine Alu-Box. Drinnen reicht ein Schuhkarton!

WUSSTEST DU DAS?

Zeitkapseln wurden an Bord von zwei Voyager-Raumsonden 1977 ins All geschickt. Sie enthalten Tonaufnahmen und Fotos von der Erde. Die Tonaufnahmen sollen möglichen Außerirdischen vom Leben auf unserem Planeten erzählen!

ZEICHNE EINE KARTE

Kennst du dich in deiner Umgebung aus? Manchmal ist es sinnvoll, eine Karte zur Hand zu haben. Für eine selbst entworfene Karte brauchst du ein kariertes Blatt Papier und Farbstifte. Die Karte könnte deinen Garten oder deine Nachbarschaft darstellen. Nutze die Kästchen, um Dinge anzuordnen.

Zeichne eine Legende

Überlege dir, was du auf der Karte zeigen möchtest. Mach eine Liste und zeichne jeweils einfache Symbole. Das ist die Legende zu deiner Karte. Hier sind ein paar Ideen, welche Symbole du verwenden könntest:

Haus   Park   Baum   See

Süßwaren-laden   Tiergeschäft   Supermarkt

Spielplatz   Brücke   Straße   Schule

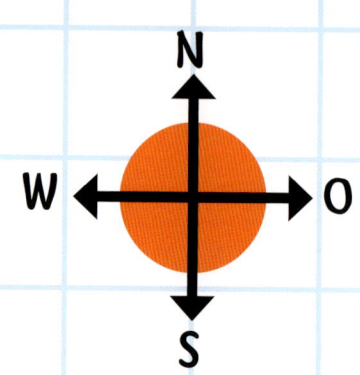

Wo geht es lang?

Füge ein Kompasszeichen in die Karte ein, damit jeder sieht, wie die Dinge ausgerichtet sind – Nord (N), Süd (S), Ost (O) oder West (W).

Hier ist eine Ladenzeile.

Alle Geschäfte haben den glei-chen Umriss. Die Zeichen im Innern zeigen, um welche Art von Laden es sich handelt.

Verwende einfache Zeichen – vielleicht musst du sie sehr oft malen!

Unterbrochene Linien weisen auf Straßen hin.

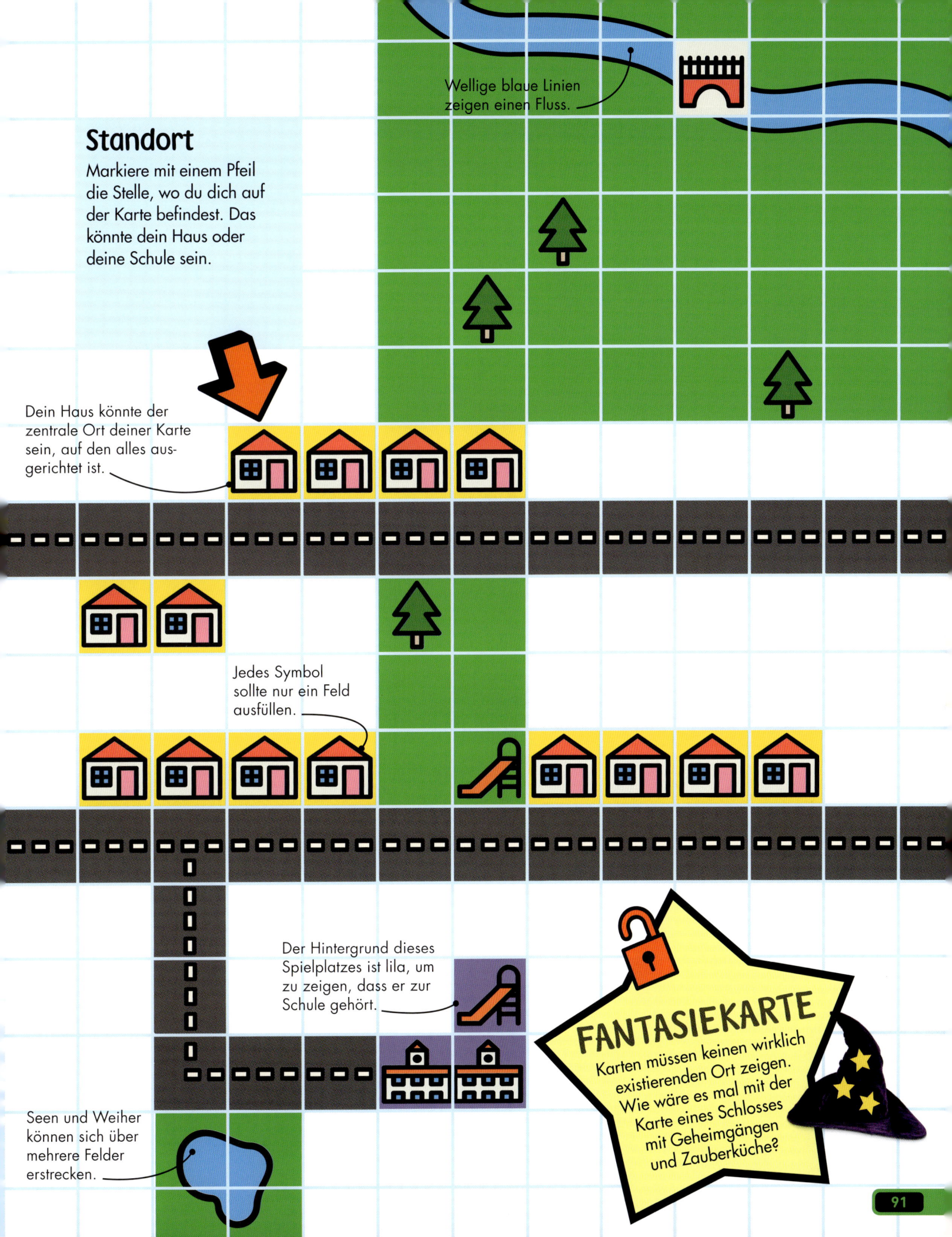

Standort

Markiere mit einem Pfeil die Stelle, wo du dich auf der Karte befindest. Das könnte dein Haus oder deine Schule sein.

Wellige blaue Linien zeigen einen Fluss.

Dein Haus könnte der zentrale Ort deiner Karte sein, auf den alles ausgerichtet ist.

Jedes Symbol sollte nur ein Feld ausfüllen.

Der Hintergrund dieses Spielplatzes ist lila, um zu zeigen, dass er zur Schule gehört.

Seen und Weiher können sich über mehrere Felder erstrecken.

FANTASIEKARTE

Karten müssen keinen wirklich existierenden Ort zeigen. Wie wäre es mal mit der Karte eines Schlosses mit Geheimgängen und Zauberküche?

Obst und Gemüse

Auch wenn es auf den ersten Blick nicht den Anschein macht: Früchte und Gemüse können wunderschöne Drucke hervorbringen. Mit halbierten Zitronen, Paprikaschoten oder Selleriestangen entstehen hübsche Blumenmotive.

KUNSTDRUCK

Mit gewöhnlichen Alltagsmaterialien lassen sich die unterschiedlichsten Muster und Designs drucken. Du musst nur den jeweiligen Gegenstand mit Farbe bestreichen, auf Papier pressen und vorsichtig abziehen!

138

Luftpolsterfolie

Schneide Formen aus Luftpolsterfolie aus, um coole Muster zu drucken.

137

Blätterdruck

Blätter können wunderschöne Drucke ergeben. Sammle viele verschiedene Sorten, male sie in unterschiedlichen Farben an und presse sie auf Papier!

Styropor-druck

Möchtest du mal ein Bild drucken? Styropor macht dies möglich. Damit kannst du von einem Motiv beliebig viele Postkarten oder Poster anfertigen.

1 Male ein Bild mit einem Bleistift auf eine Styropor-platte. Drücke dabei fest auf, sodass eine Rille entsteht.

2 Streiche die Platte einheitlich mit Farbe ein. Nimm nicht zu viel Farbe und benutze am besten eine Farbrolle.

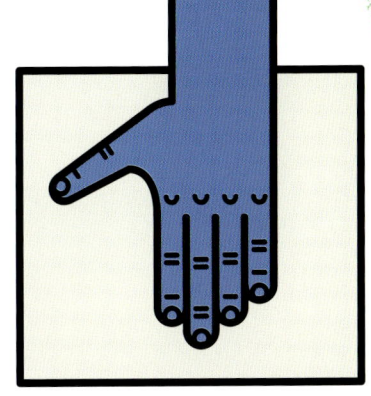

3 Presse die Styroporplatte auf ein weißes Stück Papier.

4 Hebe die Platte behutsam ab und dein Druck kommt zum Vor-schein! Du kannst den Vorgang beliebig oft wiederholen.

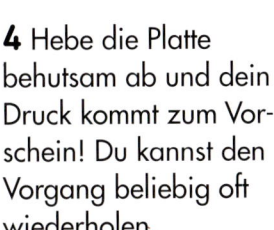

141
Frisbee®-Bowling

1 Stelle zehn Plastikflaschen in einer Dreiecksform auf.

2 Werft der Reihe nach die Frisbee®-Scheibe auf die Flaschen. Versucht so viele Flaschen wie möglich umzuwerfen. Jeder Spieler hat zwei Versuche.

3 Schreibt auf, wie viele Flaschen jeder Spieler umgeworfen hat und wiederholt das Spiel zehn Runden lang.

4 Zählt die Punkte zusammen und seht, wer der Frisbee®-Bowling-Champion ist!

WUSSTEST DU DAS?
Bevor die moderne Frisbee®-Scheibe entwickelt wurde, warfen die Spieler Blechteller!

FRISBEE®-SPIELE

Wer hätte gedacht, dass es so viel Spaß macht, eine Scheibe durch die Luft zu werfen? Es gibt so viele Spiele, die du mit einer Frisbee®-Scheibe spielen kannst! Hier sind ein paar Beispiele (aber wirf nur draußen!).

Discgolf

142

Discgolf folgt denselben Regeln wie Golf: Die Spieler müssen ihre Frisbee®-Scheibe mit möglichst wenigen Versuchen in unterschiedlich nummerierte „Löcher" werfen – in diesem Fall sind es Kettenkörbe. Du kannst dieses Spiel im Garten mit Waschkörben und Plastikeimern bauen. Wer am Ende des Spiels die wenigsten Würfe benötigt hat, hat gewonnen.

Esel in der Mitte

143

Zwei Spieler werfen die Frisbee®-Scheibe hin und her. Zwischen ihnen steht ein weiterer Spieler, der „Esel". Dieser Spieler muss versuchen, die Frisbee®-Scheibe im Flug zu fangen. Gelingt es ihm, wird der Werfer der „Esel".

Wettwerfen

144

Bildet Zweierteams und stellt euch in einem Abstand von 1 m auf. Wie oft könnt ihr die Frisbee®-Scheibe in zwei Minuten hin- und herwerfen? Das Team mit der höchsten Anzahl gewinnt.

Extrem-Frisbee

145

Die Spieler werden in zwei Teams aufgeteilt. Ziel ist es, die Frisbee®-Scheibe möglichst häufig in den Außenbereich des gegnerischen Spielfelds zu werfen. Sie kann zwischen den Mitspielern innerhalb des Feldes hin- und hergeworfen werden. In dem Moment, in dem ein Spieler sie fängt, muss er stehenbleiben. Die Frisbee®-Scheibe kann jederzeit vom gegnerischen Team gefangen werden.

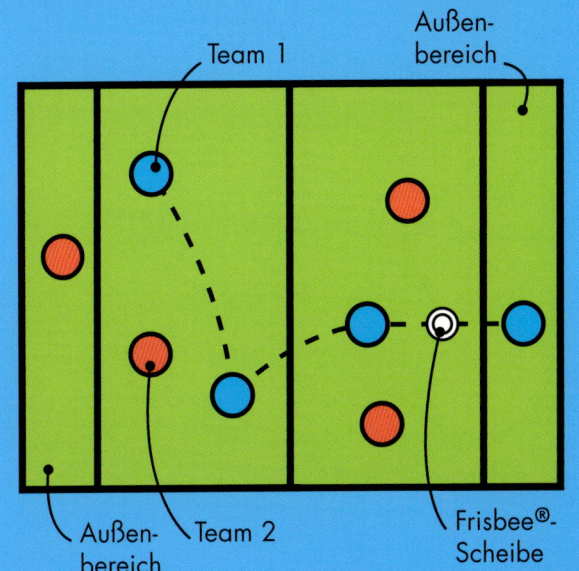

Team 1

Außenbereich

Außenbereich

Team 2

Frisbee®-Scheibe

PLANE EIN SPORTFEST

Was gibt es Besseres, als einen ganzen Tag mit einem selbst geplanten Sportfest zu verbringen? Vielleicht hat irgendwer aus deiner Familie oder von deinen Freunden ein verstecktes Sporttalent? Es gibt nur eine Möglichkeit, dies herauszufinden …

Gestalte ein Programm

Jedes Sportfest braucht eine Programmfolge, die aufzeigt, was wann stattfindet. Was ist bei dir geplant? Hier sind einige Ideen! Plane zwischendurch Pausen ein und am Schluss die Siegerehrung.

Uhrzeit	Veranstaltung
10:30	Eröffnungsfeier
11:00	Dreisprung
12:00	Synchrontanz
13:30	Weitsprung
14:00	Kugelstoßen mit Tennisball
15:00	Radschlagen
15:30	Eierlauf
16:00	Schubkarrenrennen

147 Bastle eigene Medaillen

⚠ Kein Sportfest ohne Medaillenverleihung. Bastle eigene Medaillen für die Sieger.

Schneide einen kleinen Schlitz ins obere Ende der Medaille.

1 Schneide einen Kreis aus einem Stück Karton.

2 Schneide einen Stern aus dem Karton und klebe ihn auf den Kreis.

3 Bedecke den Karton mit Alufolie, damit er wie eine Medaille aus Metall aussieht.

4 Ziehe ein rotes Band durch den Schlitz am oberen Ende. Dann kannst du den Siegern ihre Medaillen um den Hals hängen.

Amelie	★ ★ ★
Jakob	★ ★

Gestalte eine Anzeigetafel

Um den Punktestand während des Wettkampfs verfolgen zu können, brauchst du eine Anzeigetafel. Nach jeder Disziplin bekommt der Gewinner Sterne oder Punkte. Addiere die Sterne oder Punkte am Ende, um zu sehen, wer der Sieger ist!

Eröffnungszeremonie

Um den Wettkampf gebührend zu eröffnen, könntest du eine eindrucksvolle Eröffnungsfeier mit Fahnen, Spruchbändern und Konfetti organisieren.

148

Kopftennis

Köpfe einen Softball über ein Hindernis, wie z. B. einen Zaun, zu deinem Freund. Dieser muss ihn zurückköpfen. Wie lange könnt ihr den Ball in der Luft halten?

150

Raupenrallye

Bildet zwei gleich große Teams und stellt euch hintereinander auf. Die Spieler geben den Ball, von vorne beginnend, jeweils im Wechsel über den Kopf oder zwischen den Beinen nach hinten weiter. Hat der Ball den letzten Spieler erreicht, rennt dieser nach vorne und stellt sich dort wieder auf.

149

Auf dem Kopf

Lege dich auf den Rücken, die Beine in die Höhe. Versuche den Ball in dieser Position zu einem Freund zu passen – nur mit den Füßen!

SPIEL UND SPASS

153

Ball in der Luft

Wer kann den Ball am längsten vom Boden fernhalten? Du kannst jedes Körperteil benutzen, also Füße, Brust, Kopf, nur nicht die Hände.

154

Eimerspiel

Sammle einige große Eimer zusammen und beschrifte sie mit unterschiedlichen Punktzahlen. Stelle die Eimer mit den höheren Zahlen weiter hinten, die mit den niedrigeren Zahlen weiter vorne auf. Versuche dann einen Ball in die Eimer zu werfen. Wer nach fünf Runden die meisten Punkte gesammelt hat, hat gewonnen.

50

100

20

10

5

Balancieren

152 Versuche einen Ball auf deinem Kopf zu balancieren. Kannst du laufen, ohne dass er herunterfällt? Oder den Ball auf deinem Finger kreisen lassen?

151

Boule

⚠️ Dieses Spiel ist in Frankreich sehr beliebt. Im Wechsel versuchen die Spieler eine schwere Kugel, Boule genannt, durch Werfen so nah wie möglich an eine kleine, oft farbige Kugel heranzurollen. Es gewinnt, wer seine Kugel am nächsten platziert.

MIT ... EINEM BALL

157

Lustiger Gang

Halte einen großen Softball zwischen deinen Knien und versuche so herumzulaufen. Es ist nicht so leicht, wie man denkt!

156

Handtuchball

Halte ein kleines Tuch mit den Händen und benutze es, um einen Ball zu einem anderen Spieler zu katapultieren, der diesen wiederum mit einem Tuch auffangen muss. Du kannst es auch in Zweierteams versuchen, mit je einem Spieler an jeder Seite des Tuches.

155

Fußballgolf

Die Idee des Spiels ist es, mit einem Fußball in so wenig Schüssen wie möglich ein Ziel zu treffen. Du kannst auf einen Baumstamm oder -stumpf schießen. Jeder Spieler muss von derselben Position aus starten.

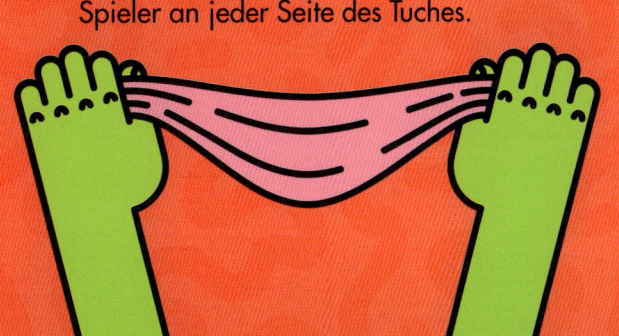

Orion

Eines der bekanntesten Stern-
bilder ist Orion. Es zeigt einen
Krieger mit drei Sternen in einer
Reihe, die seinen Gürtel formen.

Der Große Bär

Der Große Bär, dessen Teilsternbild
der Große Wagen ist, hat einen hellen
Stern, den Mizar, in seinem Schwanz.

Sternbilder des Nordens

Diese Konstellationen
können von der Nord-
halbkugel oder „nörd-
lichen Hemisphäre"
aus gesehen werden.

158

BEOBACHTE DIE STERNE

Die Sterne am Nachthimmel erkennst du
an ihrem typischen Funkeln. Je nachdem,
wo auf der Welt und zu welcher Jahreszeit
du in den Himmel blickst, kannst du
verschiedene Sternbilder erkennen.

Zentaur

Ein Zentaur ist halb
Mensch, halb Pferd.
Zentauren stammen aus
der antiken Mythologie.

Sternbilder des Südens

Diese Konstellationen
können von der Süd-
halbkugel oder „süd-
lichen Hemisphäre"
aus gesehen werden.

Hund

Dieses Sternbild, auch „Canis
Major" genannt, beinhaltet
den hellsten Stern – Sirius.

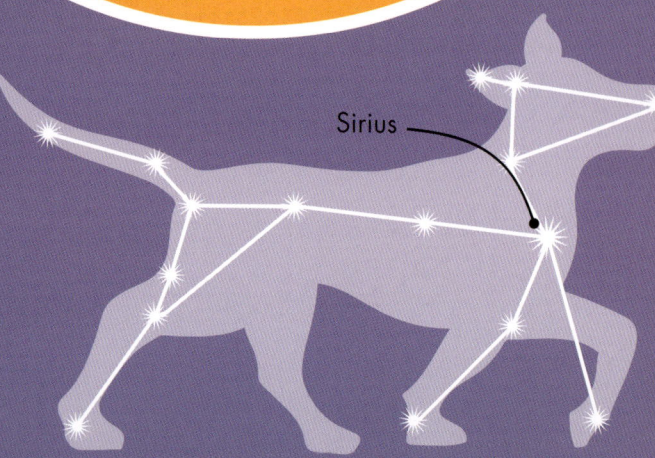

Sirius

Drache

Der Drache, lateinisch „Draco", trägt seinen hellsten Stern im Kopf.

159 Führe einen Mondkalender

Versuche jede Nacht den Mond zu zeichnen.

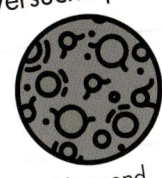

Neumond

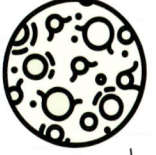

Zunehmender Mond

Erstes Viertel

Zunehmender Dreiviertelmond

Vollmond

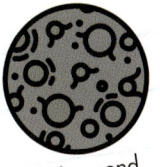

Abnehmender Dreiviertelmond

Letztes Viertel

Abnehmender Mond

Neumond

Der Mond kreist in etwa einem Monat einmal um die Erde. Dabei scheint er seine Form zu verändern. Das liegt an der Sonne, die während seiner Reise unterschiedliche Bereiche des Mondes beleuchtet. Die wechselnden Lichtgestalten nennt man Mondphasen.

Das Kreuz des Südens

Dies ist die kleinste Konstellation am Sternenhimmel, aber die einfache Form macht es leicht, sie zu finden.

160 Halte nach Meteoren Ausschau

Meteore sind Sternschnuppen – Gesteinsbrocken, die verglühen und einen Lichtschweif produzieren, wenn sie in die Erdatmosphäre eindringen. Die meisten Meteorströme kann man zu folgenden Zeiten im Jahr sehen:

Name des Meteorstroms	Datum	Wo auf der Welt zu sehen
Lyriden	22.–26. April	Nordhalbkugel
Eta-Aquariiden	6. Mai	Südhalbkugel
Perseiden	11.–13. August	Auf beiden
Geminiden	13.–15. Dezember	Auf beiden

Jeder Meteor zieht einen Lichtschweif hinter sich her.

NATURDETEKTIVE

In der Natur gibt es so viel zu entdecken! Beobachte und untersuche die Tiere bei dir im Garten oder in der näheren Umgebung.

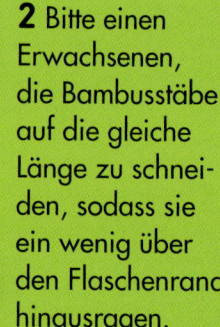

162
Vogelbeobachtung

Wusstest du, dass Vögel die nächsten lebenden Verwandten von Dinosauriern sind? Nimm dir ein Fernglas und beobachte sie. Fertige eine Liste an, welche Arten du entdecken kannst.

2 Bitte einen Erwachsenen, die Bambusstäbe auf die gleiche Länge zu schneiden, sodass sie ein wenig über den Flaschenrand hinausragen.

1 Lass einen Erwachsenen vorsichtig beide Enden der Flasche abschneiden.

161

Bastle ein Bienenhotel

 Biete den Bienen in deinem Garten eine Nisthilfe und einen Unterschlupf. Du brauchst bei diesem Projekt die Hilfe eines Erwachsenen.

Du brauchst:
- Plastiktrinkflasche (2 l)
- Schere
- Genug Bambusstäbe, um die Flasche zu füllen
- Bindfaden

163

Käfersammlung

Betrachte Käfer aus der Nähe, indem du sie in einem leeren Marmeladenglas sammelst. Bedecke es mit Küchenpapier und befestige dieses mit einem Gummiband. Vergiss nicht, Luftlöcher hineinzustechen, und setze die Käfer bald wieder aus!

164

Suche Tierspuren

⚠ Weißt du, welche Tiere in deiner Umgebung leben? Folge ihren Spuren! Suche z. B. Pfotenabdrücke, die sie hinterlassen haben.

WUSSTEST DU DAS?

Bienen stechen nur, wenn du sie störst. Und nur die Weibchen haben einen Stachel.

4 Binde zwei Bindfäden darum, um alles zusammenzuhalten.

5 Binde ein weiteres Stück Bindfaden so an die anderen beiden, dass eine Schlaufe entsteht. Nun kannst du dein Bienenhotel aufhängen! Suche dafür einen Baum oder Zaun in etwa 1 m Höhe. Und schon bald wird dort ein lebhaftes Summen zu hören sein.

3 Fülle den mittleren Teil der Flasche mit den Bambusstäben. Am besten ist es, wenn die Löcher in den Bambusrohren unterschiedlich groß sind.

165 POMPONS

Diese flauschigen Kugeln sind schnell und einfach in allen Größen und Farben selbst herzustellen. Du brauchst dafür nur Wolle, etwas Pappkarton und eine Schere. Also, worauf wartest du?

! **3** Wenn du mit dem Umhüllen der Pappringe fertig bist, stecke das Ende der Wolle unter ein paar andere Fäden. Benutze eine Schere, stich am Rand zwischen die Pappringe und schneide die Wollschlaufen auf. Schneide einmal ganz außenrum.

Wickle deine Wolle wieder und wieder um den Kreisrand.

! **1** Zeichne einen Kreis mit 8 cm Durchmesser auf einen Pappkarton. Schneide ihn aus und zeichne einen Kreis mit 2,5 cm Durchmesser in dessen Mitte. Schneide den kleineren Kreis aus. Wiederhole diese Schritte, sodass du zwei gleiche Pappringe hast.

2 Lege die beiden Pappringe übereinander, halte sie zusammen und beginne, Wolle um den Kreisrand zu wickeln. Nimm vier Fäden Wolle auf einmal, damit der Pompon schnell dick wird.

166

Pomponkranz

Du hast einen ganzen Haufen Pompons gemacht – und nun? Ein Pomponkranz ist ganz einfach zu basteln und schmückt jeden Raum.

 **1** Biege einen Kleiderbügel in Kreisform und befestige daran deine bereits fertigen Pompons.

Benutze die losen Wollfäden des Pompons, um ihn fest an den Kleiderbügel zu binden.

2 Reihe die Pompons so dicht aneinander, dass dazwischen kein Platz mehr frei ist.

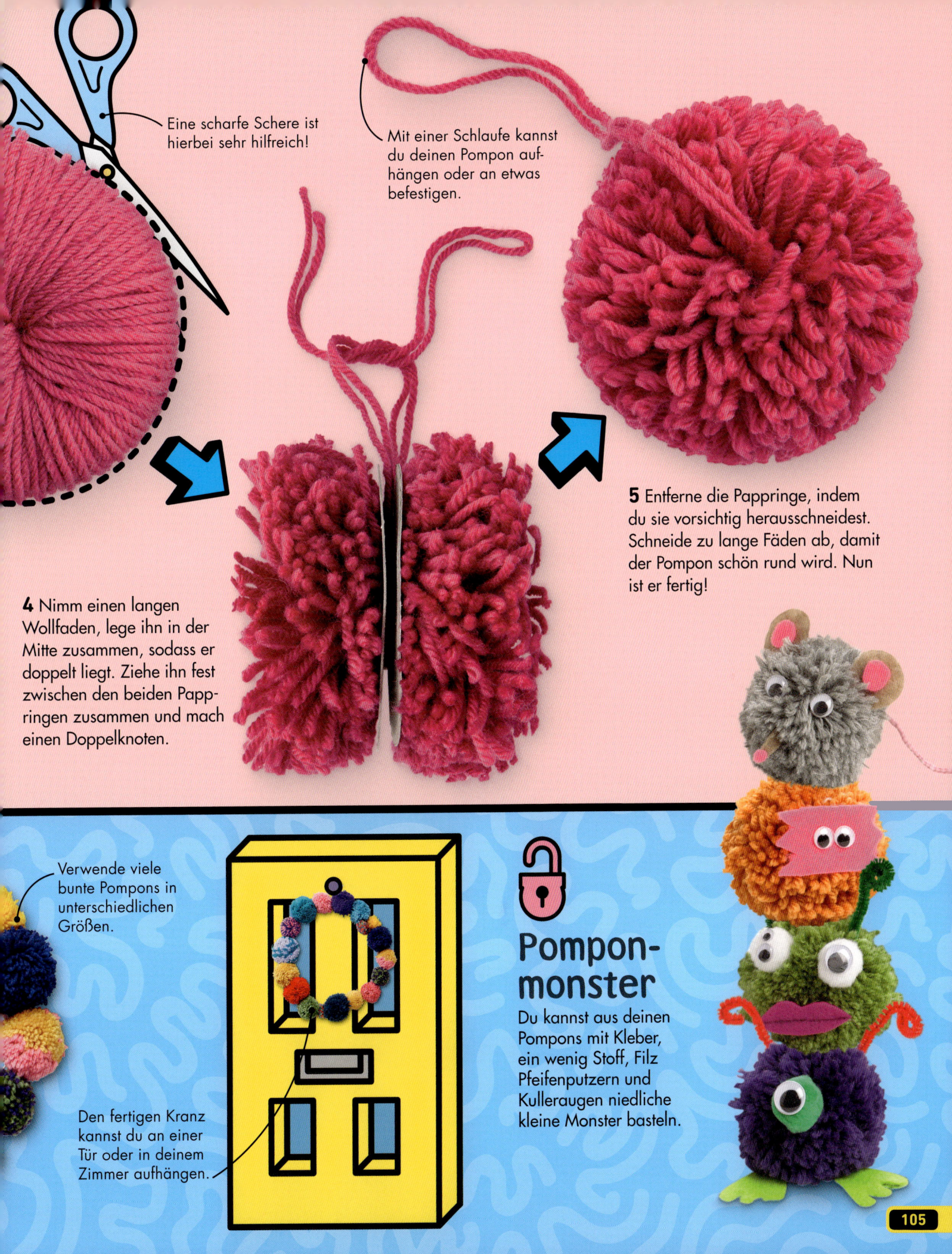

Eine scharfe Schere ist hierbei sehr hilfreich!

Mit einer Schlaufe kannst du deinen Pompon aufhängen oder an etwas befestigen.

5 Entferne die Pappringe, indem du sie vorsichtig herausschneidest. Schneide zu lange Fäden ab, damit der Pompon schön rund wird. Nun ist er fertig!

4 Nimm einen langen Wollfaden, lege ihn in der Mitte zusammen, sodass er doppelt liegt. Ziehe ihn fest zwischen den beiden Pappringen zusammen und mach einen Doppelknoten.

Verwende viele bunte Pompons in unterschiedlichen Größen.

Den fertigen Kranz kannst du an einer Tür oder in deinem Zimmer aufhängen.

Pompon-monster

Du kannst aus deinen Pompons mit Kleber, ein wenig Stoff, Filz Pfeifenputzern und Kulleraugen niedliche kleine Monster basteln.

ENTWIRF DEINE EIGENE MODE

Werde kreativ und entwirf Mode, die dir gefällt! Skizziere deine Ideen auf Papier und setze sie anschließend um.

167

Gib die Richtung vor

⚠ Designer erstellen häufig eine Collage, ein sogenanntes Moodboard, das zeigt, in welche Richtung ihre Kreation gehen soll. Versuche es selbst und sammle Stoffproben, Zeichnungen, Zeitschriftenausschnitte, Fotos oder anderes inspirierendes Material zusammen.

168

Mach Skizzen

Nachdem du dir ein Design ausgedacht hast, beginne mit ersten Skizzen. Zeichne die Umrisse mit Bleistift und füge dann Farbe hinzu. Möchtest du knallige Töne oder lieber sanfte Nuancen? Futuristische Muster oder eher schlichte Designs?

169

Aus Alt mach Neu

Verpasse alten Teilen, wie etwa einer Tasche, ein neues Outfit. Verziere sie mit Farbe, Glitzer und Pompons oder schneide Formen aus Stoff aus und klebe sie mit Stoffkleber auf. Du profitierst doppelt davon: Du kannst dich als Designer verwirklichen und erhältst ein neues Einzelstück.

Aus Filz kannst du verschiedene Formen ausschneiden.

Batiken

⚠️ Verpasse einem T-Shirt einen coolen neuen Look mit Batik! Kaufe Stofffärbemittel und folge der Packungsanweisung. Trage Gummihandschuhe, eine Schürze und alte Kleidung, falls du Flecken machst. Decke auch alle Oberflächen, auf denen du arbeitest, gut ab.

Du brauchst:

- Schürze und alte Kleidung
- Gummihandschuhe
- Textilfärbemittel
- Eimer
- 275 g Salz
- Weißes T-Shirt
- Gummibänder
- Heißes Wasser

1 Ziehe alte Kleidung, eine Schürze und Gummihandschuhe an. Bereite in Eimern die Stofffärbelösung entsprechend der Packungsanleitung vor. Füge etwa 275 g Salz hinzu. So wird die Farbe intensiver.

⑰⓪ BATIK-T-SHIRT

FÄRBE VERSCHIEDENE MUSTER!

TOP TIPP
Dein T-Shirt wird bunt, wenn du mehrere Textilfarben verwendest und einzelne Teile des T-Shirts darin eintauchst.

Rosetten

1 Knülle das T-Shirt an unterschiedlichen Stellen zusammen und binde diese mit Gummibändern ab.

2 Drücke einen Finger in die Mitte der abgebundenen Teile und zupfe sie in eine Art Blumenform.

Wirbel

1 Drehe eine Gabel auf der Mitte des T-Shirts bis es nahezu komplett eingedreht ist.

2 Bringe den Stoff in eine Kreisform und fixiere ihn mit vier bis sechs Gummibändern.

2 Mach aus einem T-Shirt ein Bündel und streife einige Gummibänder darüber. Unten siehst du, wie die unterschiedlichen Muster entstehen.

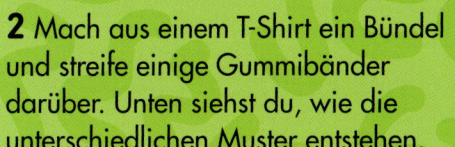

4 Hole das Bündel aus der Färbelösung und spüle es unter dem Wasserhahn mit warmem Wasser aus, bis sich keine Farbe mehr löst. Hänge dein T-Shirt zum Trocknen auf.

3 Weiche das Bündel 10–30 Minuten in der Färbelösung ein, je nachdem, wie intensiv du die Farbe haben möchtest.

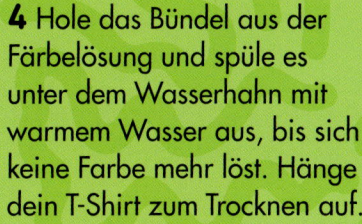

Diagonale Streifen

1 Falte das T-Shirt diagonal in mehreren Schichten. Beginne in der linken unteren Ecke.

2 Wenn es komplett zusammengefaltet ist, binde Gummibänder in einem Abstand von etwa 2,5–5 cm herum.

Sonne

1 Ziehe den Stoff im Zentrum des T-Shirts etwas nach oben und binde ihn mit einem Gummiband ab.

2 Setze dies mit dem dahinter folgenden Stoff fort und binde ihn etwa alle 2,5 cm mit einem Gummiband ab.

⬤171 DAUMENKINO

Mach mithilfe eines Daumenkinos aus deinen einfachen Zeichnungen eine rasante Animation. Lass die Blätter schnell durch deine Finger gleiten und die Bilder werden vor deinen Augen lebendig!

1 Neben einem Stift brauchst du einen Haftnotiz-block, einen zusammengehefteten Stapel Papier oder einen kleinen Malblock.

Die Düsen feuern …

Dies ist der erste Teil deiner Animation.

5 Setze dies bis zum letzten Blatt fort. Wenn du möchtest, kannst du deine Bilder auch ausmalen.

4 Verändere das Motiv auf jedem Blatt. In kleinen Schritten soll sich eine Geschichte oder Bewegung entwickeln.

3 Zeichne dassselbe Bild mit einem kleinen Unterschied auf die vorletzte Seite des Blocks. Dies gibt dem Motiv den Anschein, als würde es sich beim Blättern bewegen.

2 Zeichne ein Bild auf die letzte Seite des Blocks. Es sollte möglichst weit rechts auf dem Papier liegen, damit es später beim Durch-blättern gut sichtbar ist.

MEHR IDEEN?

Fallen dir noch andere lustige Bildergeschichten ein, die du in einem Daumenkino animieren möchtest? Versuche es doch mal mit einem wachsenden Baum. Denk immer daran auf der letzten Seite des Blocks anzufangen.

6 Halte das Daumenkino fest in der rechten Hand und benutze den Daumen der linken Hand, um die Seiten von hinten nach vorne durchblättern zu lassen. Zusammen erzählen sie eine Geschichte!

PARTYSPIELE

172 Tablettspiel

1 Legt 15 beliebige Dinge auf ein Tablett und bedeckt sie mit einem Handtuch.

2 Entfernt das Handtuch – nun hat jeder Mitspieler 1 Minute Zeit, sich so viele Gegenstände wie möglich zu merken. Deckt die Gegenstände erneut ab.

3 Die Spieler müssen nun alle Gegenstände aufschreiben, an die sie sich erinnern. Gewinner ist derjenige, der die meisten Dinge richtig notiert.

173

Lachen verboten!

1 Die Spieler sitzen im Kreis und müssen abwechselnd durch „Ha, ha" und „Ho, ho" Lachen nachahmen.

2 Wenn ein anderer Mitspieler der Gruppe daraufhin wirklich zu lachen beginnt, ist er ausgeschieden. Gewinner ist derjenige, der bis zuletzt nicht lacht. Das ist wirklich schwierig!

174

20 Fragen

1 Du kannst dieses Spiel mit zwei Spielern oder in einer größeren Gruppe spielen. Ein Spieler denkt sich einen Gegenstand aus, den die anderen erraten sollen. Diese stellen nun abwechselnd Fragen, die nur mit „Ja" oder „Nein" beantwortet werden können.

2 Wird der gesuchte Gegenstand innerhalb von 20 Fragen von einem Spieler erraten, hat dieser gewonnen und darf sich als Nächster einen Gegenstand überlegen.

175

Wer ist der Mörder?

1 Ein Spieler wird ausgewählt, der Detektiv zu sein. Dieser wird aus dem Raum geschickt. Die anderen Spieler entscheiden dann, wer der Mörder ist.

2 Anschließend kommt der Detektiv zurück und stellt sich in die Mitte des Kreises, den die anderen Spieler gebildet haben.

3 Der Mörder muss nun jeweils einem anderen Spieler zuzwinkern, der dadurch „stirbt" und dramatisch zu Boden sinkt. Der Mörder darf dabei nicht vom Detektiv erwischt werden. Dieser darf dreimal raten, wer der Mörder ist.

4 Sollte der Mörder alle Mitspieler „töten", ohne dabei erwischt zu werden, oder sollte der Detektiv dreimal falsch raten, gewinnt der Mörder. Andernfalls gewinnt der Detektiv.

176

Blinde Kuh

1 Sucht einen großen freien Raum und räumt alle Hindernisse aus dem Weg. Mit einem Tuch werden einem der Spieler die Augen verbunden. Dieser ist die „blinde Kuh".

2 Während sich alle anderen Spieler im Raum verteilen, steht die „blinde Kuh" in der Mitte. Anschließend läuft dieser Spieler los und versucht die anderen zu fangen. Rennen ist nicht erlaubt!

3 Hat die „blinde Kuh" einen Spieler gefangen, muss sie ihn identifizieren. Rät sie falsch, muss sie einen neuen Spieler fangen. Rät sie richtig, ist der Gefangene an der Reihe.

177

Wurfscheibe

Nimm farbige Kreide und zeichne fünf Kreise in unterschiedlichen Größen ineinander. Jeder Kreis hat eine bestimmte Punktzahl. Die Spieler werfen abwechselnd Sandsäckchen in die Kreise, um entsprechende Punkte zu sammeln. Ziel ist es, den Mittelpunkt zu treffen.

Je näher dein Wurf an den Mittelpunkt reicht, desto höher ist die erreichte Punktzahl.

Um es schwieriger zu machen, benutze rollende Bälle statt Säckchen.

STRASSEN-KREIDE

Mit einem Stück Kreide kannst du mit deinen Freunden diese lustigen Pflasterspiele ausprobieren. Oder stellst du lieber dein künstlerisches Talent mit einem Kreidebild unter Beweis?

! Halte die Kreide immer von Augen und Mund fern. Wasche deine Hände nach dem Malen!

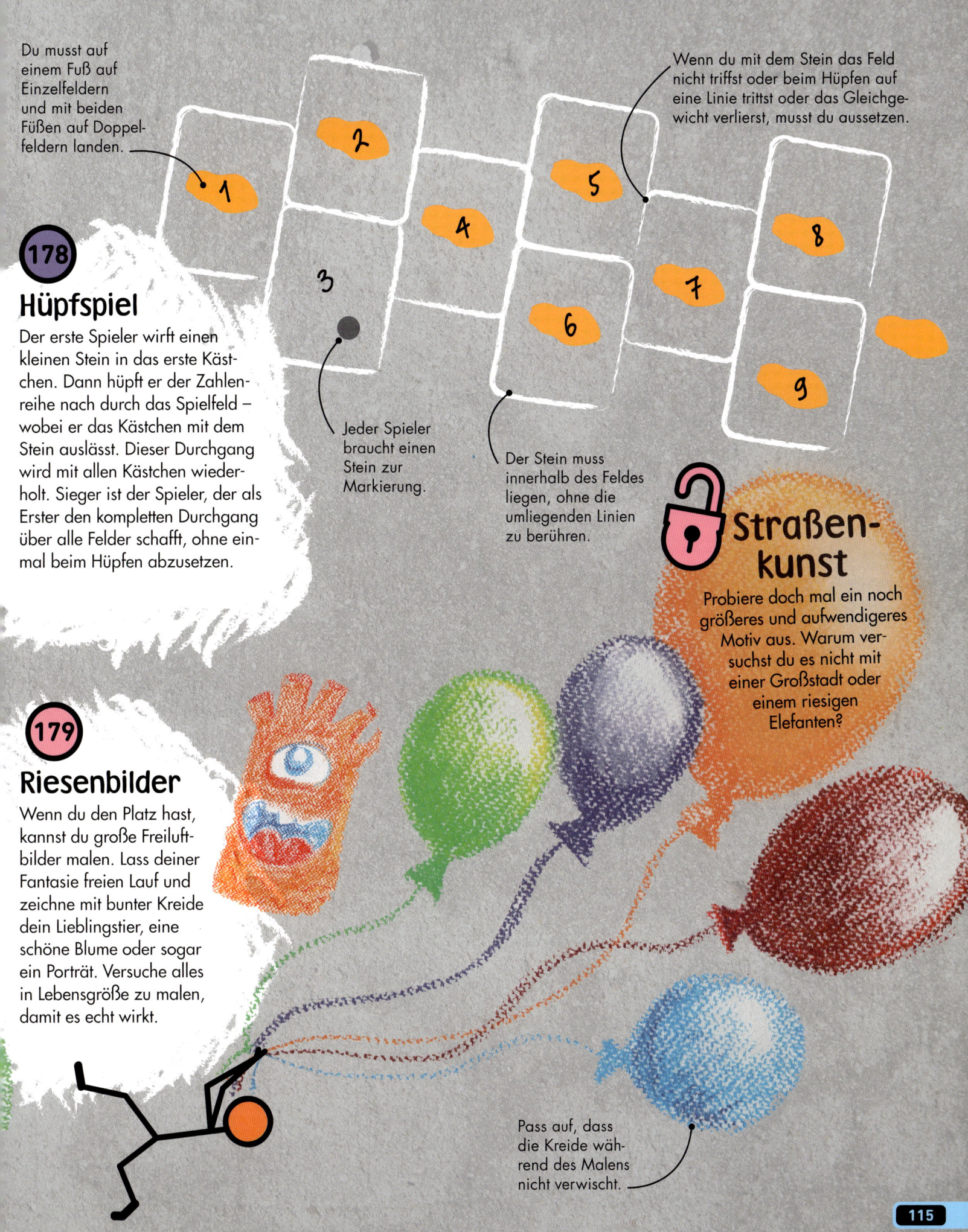

Du musst auf einem Fuß auf Einzelfeldern und mit beiden Füßen auf Doppelfeldern landen.

Wenn du mit dem Stein das Feld nicht triffst oder beim Hüpfen auf eine Linie trittst oder das Gleichgewicht verlierst, musst du aussetzen.

178

Hüpfspiel

Der erste Spieler wirft einen kleinen Stein in das erste Kästchen. Dann hüpft er der Zahlenreihe nach durch das Spielfeld – wobei er das Kästchen mit dem Stein auslässt. Dieser Durchgang wird mit allen Kästchen wiederholt. Sieger ist der Spieler, der als Erster den kompletten Durchgang über alle Felder schafft, ohne einmal beim Hüpfen abzusetzen.

Jeder Spieler braucht einen Stein zur Markierung.

Der Stein muss innerhalb des Feldes liegen, ohne die umliegenden Linien zu berühren.

Straßenkunst

Probiere doch mal ein noch größeres und aufwendigeres Motiv aus. Warum versuchst du es nicht mit einer Großstadt oder einem riesigen Elefanten?

179

Riesenbilder

Wenn du den Platz hast, kannst du große Freiluftbilder malen. Lass deiner Fantasie freien Lauf und zeichne mit bunter Kreide dein Lieblingstier, eine schöne Blume oder sogar ein Porträt. Versuche alles in Lebensgröße zu malen, damit es echt wirkt.

Pass auf, dass die Kreide während des Malens nicht verwischt.

SPIELPLATZ- UND PAUSEN-SPIELE

Du brauchst kein Spielmaterial, um während der Pause oder auf dem Spielplatz eine lustige Zeit zu verbingen. Für die Spiele auf dieser Seite brauchst du nur ein paar Freunde.

Das stärkste Mitglied eures Teams sollte ganz hinten stehen.

181 Ente, Ente, Gans

Ein Spieler geht um die im Kreis sitzenden Mitspieler, tippt jedem auf den Kopf und sagt dabei das Wort „Ente". Wenn er bei einer Person das Wort „Gans" gesagt hat, rennt er los. Die „Gans" versucht nun den anderen zu fangen, bevor dieser sich an ihren Platz gesetzt hat!

Jeder kann die nächste Gans werden!

Umrunde den Sitzkreis im Uhrzeigersinn.

180

Bulldogge

Alle Kinder stehen in einer Reihe einem Fänger, der sogenannten Bulldogge, gegen-über. Ziel ist es, an dieser vorbei auf die andere Seite des Spielfelds zu laufen, ohne gefangen zu werden. Wird man doch gefan-gen, wird man ebenfalls zu einer Bulldogge und damit zu einem weiteren Fänger. Dieser Ablauf wiederholt sich so lange, bis nur noch ein Spieler übrig ist – der Sieger!

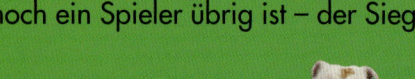

Du brauchst nicht zu bellen.

182 Flüsterpost

Setzt euch in eine Reihe oder einen Kreis. Eine Person flüstert dem Nachbarn einen Satz ins Ohr. Dieser gibt das, was er verstanden hat, flüsternd an die nächste Person weiter. Der Letzte in der Reihe spricht den Satz laut aus. Ist die Botschaft richtig angekommen?

183 Seilziehen

Auf die Plätze, fertig, ZIEHT! Bildet zwei gleich große Teams und stellt euch an den gegenüberliegenden Seiten eines Seils auf. Markiert in der Mitte auf dem Boden eine Linie. Ziel ist es, das gegnerische Team über die Markierung zu ziehen.

Dieses Spiel sollte immer auf Grasboden gespielt werden. Niemand soll sich beim Hinfallen verletzen!

Als Markierung kann alles benutzt werden.

Die erste Person, die die Mauer erreicht, ist der Gewinner. Er darf als Nächster die Ampel sein.

Wie schnell reagierst du?

Rote Ampel!

Die rote Ampel bedeutet STOP!

184 Rote Ampel, grüne Ampel

Ein Spieler übernimmt die Rolle der Ampel. Alle anderen stellen sich ihm gegenüber in einer Reihe auf. Dann dreht er sich zu einer Wand um und ruft „Grün", was bedeutet, dass alle loslaufen dürfen. Wenn der Ampel-Spieler „Rot" ruft, dreht er sich schnell um und alle müssen stoppen. Sieht er noch jemanden in Bewegung, scheidet dieser Spieler aus. Ziel ist es, schnell zu reagieren und als erster die Wand zu berühren.

LUSTIGE KARTEN-SPIELE

185

Meide das Ass

Ab 3 Spielern

1 Jeder Spieler erhält die gleiche Anzahl Spielsteine, z. B. Knöpfe, Muscheln oder Popcorn.

2 Wählt eine Person, die jedem Mitspieler eine Karte verdeckt, mit dem Blatt nach unten, austeilt. Die Spieler dürfen ihre Karte ansehen, sollten sie aber niemandem zeigen.

3 Ziel ist es, die höchste Karte, einen König, zu erhalten. Das Ass ist hier die niedrigste Karte und sollte abgestoßen werden! Der Spieler links des Gebers beginnt. Jeder darf der Reihe nach entscheiden, ob er seine Karte behalten oder gegen die des Spielers zu seiner Linken tauschen möchte.

4 Wenn du das Glück hast und einen König bekommst, decke die Karte sofort auf. Keiner kann nun mit dir tauschen. Du bist auf der sicheren Seite!

5 Nachdem jeder Spieler die Möglichkeit hatte, seine Karte zu behalten oder einzutauschen, ist die Runde zu Ende. Jeder legt seine Karte offen auf den Tisch. Der Spieler mit der niedrigsten Karte muss einen Spielstein in die Mitte legen.

6 Nach jeder Runde wechselt der Kartengeber. Das Spiel geht so lange, bis alle ihre Spielsteine verloren haben – außer dem Gewinner!

Blubb!

186 Pärchen

2–6 Spieler

1 Jeder Spieler erhält die gleiche Anzahl Karten. Sie sollten verdeckt auf einem Stapel vor ihm liegen – nicht schummeln! Bleiben Karten beim Austeilen übrig, legt sie beiseite.

2 Abwechselnd legt jeder Spieler eine Karte in die Mitte ab. Je schneller ihr spielt, je mehr Spaß macht es.

3 Wenn zwei gleiche Karten aufeinanderliegen, rufst du laut „Pärchen!" und schnappst dir den in der Mitte liegenden Kartenstapel. Hier kommt es darauf an, wer am schnellsten reagiert.

4 Wenn du keine Karten mehr zum Ablegen hast, scheidest du aus. Sieger ist der, der am Ende alle Karten hat.

187 Go fish!

2–6 Spieler

1 Bei 2 oder 3 Spielern erhält jeder sieben Karten, bei 4 oder mehr Spielern bekommt jeder fünf Karten. Die Spieler dürfen die Karten aufnehmen und ansehen. Die restlichen Karten kommen als Stapel in die Mitte.

2 Der Spieler links des Gebers beginnt und fragt einen beliebigen Mitspieler nach einer Karte, z.B. „Hast du eine 10?" Sollte dies der Fall sein, muss derjenige alle seine 10er hergeben und der Fragende darf fortfahren. Hat der Gefragte keine 10, antwortet er „Go fish!" und der Fragende muss eine Karte vom Stapel aufnehmen. Sollte er hier die gesuchte Karte erhalten, darf er fortfahren. Wenn nicht, ist der nächste Spieler an der Reihe.

3 Hat ein Spieler alle vier Farben desselben Werts, legt er den Satz offen auf den Tisch. Ziel ist es, die meisten Sätze zu erhalten. Das Spiel geht so lange, bis keine Karten mehr in der Mitte liegen. Zählt die Anzahl der Sätze, um den Gewinner zu ermitteln.

188 Schweinchen

5–13 Spieler

1 Die Spieler sitzen im Kreis, jeder bekommt vier Karten. Sie dürfen ihre eigenen Karten ansehen, nicht aber die der Mitspieler. Bei diesem Spiel geht es um Geschwindigkeit und schnelles Reagieren.

2 Zählt runter auf eins: „Drei, zwei, eins, los!" Alle geben nun gleichzeitig eine Karte an den Mitspieler zur Linken weiter. Immer wieder und wieder, so schnell wie möglich!

3 Sobald der Erste vier gleiche Karten hat, hebt er seine Nasenspitze. Jeder muss es ihm gleichtun. Der Spieler, der als Letztes seine Schweinchennase macht, scheidet aus. Spielt so lange weiter bis nur noch ein Spieler übrig ist.

190

Sardinen im Team

1 Dies ist eine Abwandlung des Sardinen-spiels (siehe unten). Es gibt ein Team, das sich versteckt, und ein Team, das sucht. Ihr braucht einen Bereich, der als Gefängnis dient.

2 Das Suchteam schließt die Augen und zählt bis 60, während sich die anderen verstecken.

3 Wer in seinem Versteck entdeckt wird, muss ins Gefängnis. Er kann befreit werden, wenn ein Teammitglied aus seinem Versteck kommt und ihn abklatscht, ohne dabei gesehen zu werden.

4 Wird jemand ein zweites Mal entdeckt, scheidet er aus. Das Spiel ist zu Ende, wenn alle Spieler gefunden wurden und im Gefängnis sitzen.

VERSTECKSPIELE

189

Sardinen

1 Dieses Spiel wird am besten im ganzen Haus oder im Garten gespielt. Ein Spieler versteckt sich, während alle anderen die Augen schließen und bis 60 zählen.

2 Nun ist es Zeit, zu suchen. Wenn einer den Versteckten findet, klettert er mit ins Versteck. Das macht jeder Spieler, der die Versteckten findet – bald wird es so eng, dass ihr euch wie Sardinen in einer Dose fühlt!

3 Ziel des Spiels ist es, nicht der Letzte zu sein, der das Versteck findet.

4 Derjenige, der das Versteck zuerst gefunden hat, darf sich in der nächsten Runde als Erster verstecken.

Winken

1 Eine Person darf suchen und wartet, bis sich alle anderen versteckt haben.

2 Findet nun der Sucher jemanden, muss dieser als Gefangener mit dem Sucher gehen.

3 Wenn der Gefangene dann einen Mitspieler in seinem Versteck entdeckt, kann er demjenigen zuwinken. Winkt dieser zurück, kann die gefangene Person weglaufen und sich erneut verstecken! Allerdings nur dann, wenn der Sucher die beiden sich Zuwinkenden nicht dabei erwischt.

Spielst du gern mit deinen Freunden Verstecken? Hier sind ein paar lustige Varianten für etwas Abwechslung!

Hai im Dunkeln

1 Ein Spieler wird ausgewählt, der Hai zu sein. Er versteckt sich in einem dunklen Raum. Nun müssen die anderen versuchen, ihn zu finden.

2 Packt der Hai einen Spieler am Knöchel, bevor dieser ihn findet, muss er in das Versteck des Hais.

3 Das Spiel endet, wenn der Hai gefunden ist oder der Hai alle anderen „erbeutet" hat.

> **!** Seid vorsichtig, wenn ihr im Dunkeln spielt! Räumt alle Gegenstände aus dem Weg, über die ihr stolpern könntet.

TABLETT-CROKINOLE

Crokinole ist ein beliebtes Brettspiel, das in Kanada erfunden wurde. Hier lernst du die Spielregeln und erfährst, wie du dein eigenes Spiel basteln kannst!

Du brauchst:
- Großes rundes Tablett (das du bemalen darfst)
- Wasserunlöslichen Markerstift
- Knete
- 24 Knöpfe (siehe Punkt 3)

1 Drehe dein Tablett um und male mit einem wasserfesten Markerstift den Mittelpunkt, den inneren, mittleren und äußeren Ring sowie die vier Felduntertteilungen ein.

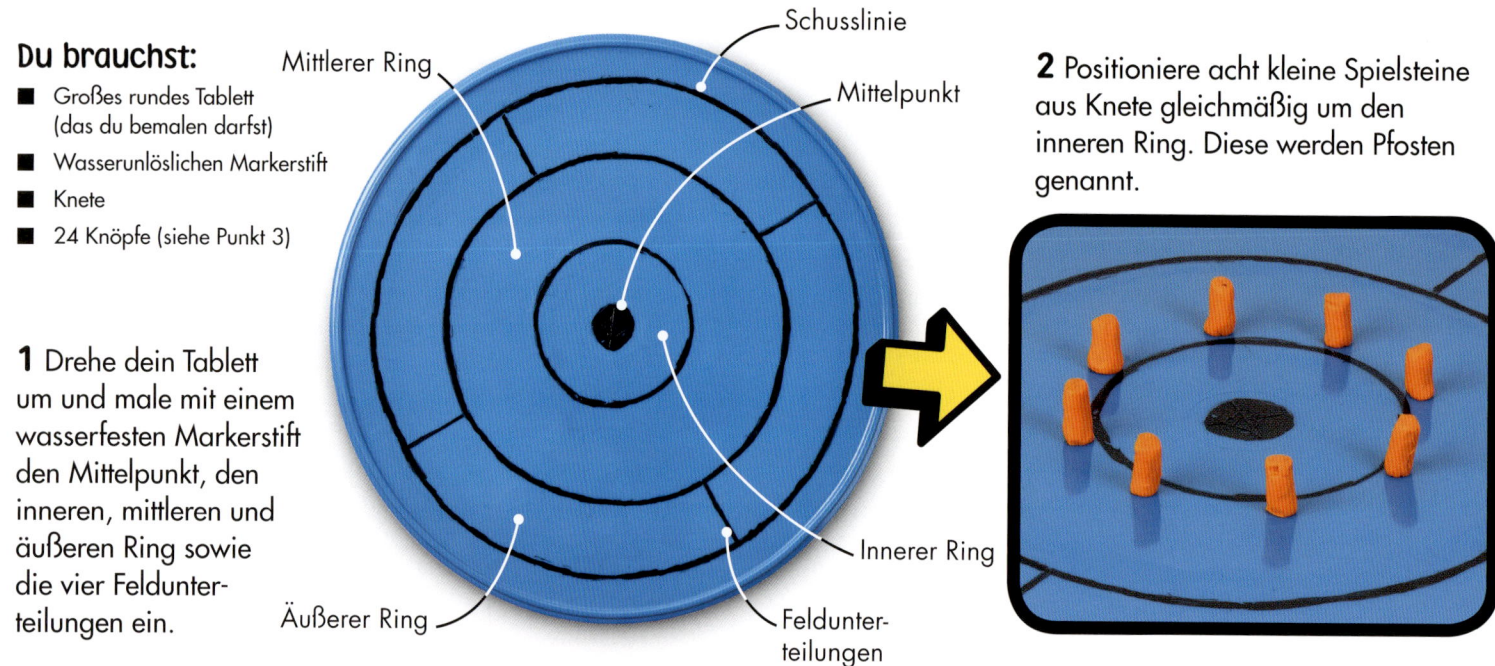

Mittlerer Ring · Schusslinie · Mittelpunkt · Innerer Ring · Felduntertteilungen · Äußerer Ring

2 Positioniere acht kleine Spielsteine aus Knete gleichmäßig um den inneren Ring. Diese werden Pfosten genannt.

SPIELREGELN

Ziel des Spiels

Crokinole wird normalerweise von zwei Spielern gespielt. Ziel des Spiels ist es, den höchsten Punktestand zu erreichen. Für Spielscheiben, die auf dem Mittelpunkt landen, werden 20 Punkte vergeben, für Spielscheiben im inneren Ring 15, für solche auf dem mittleren Ring 10 und jene auf dem äußeren Ring sind 5 Punkte wert.

Jeder Spieler bekommt eine Spielzone zugewiesen.

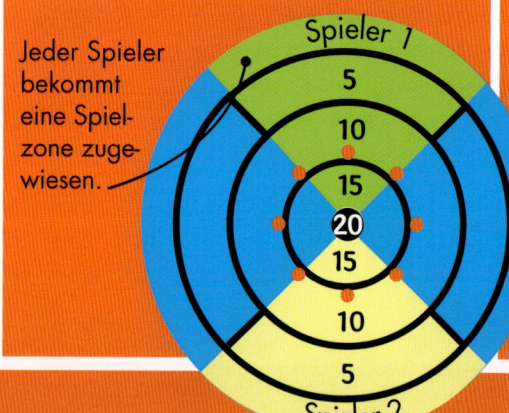

Spielstart

Werft eine Münze, um zu entscheiden, wer beginnt. Der erste Spieler platziert eine Spielscheibe auf der Schusslinie seiner Spielzone. Mit Zeigefinger und Daumen muss er diese über das Spielbrett Richtung Mittelpunkt schnipsen. Die Scheibe sollte zumindest im inneren Ring liegenbleiben. Schießt sie darüber hinaus, wird die Scheibe vom Brett genommen.

Du kannst an jeder Stelle entlang deiner Schusslinie beginnen.

Höchstzahl!

Landet die Scheibe von Spieler 1 im Mittelpunkt, erhält er die Höchstzahl von 20 Punkten. Notiert das und entfernt die Scheibe vom Spielbrett.

3 Sammle zwei Sätze mit jeweils 12 gleich großen Knöpfen als Spielscheiben zusammen. Sie müssen nicht dieselbe Farbe haben. Dein Spielbrett ist nun komplett!

Schnipse deine Spielscheiben über das Brett.

Zweiter Spieler

Wurde die Scheibe von Spieler 1 vom Brett genommen, kann Spieler 2 Richtung Mittelpunkt schnipsen. Ist die Scheibe von Spieler 1 allerdings im inneren Ring des Bretts liegengeblieben, muss Spieler 2 versuchen, diese mit der eigenen Scheibe vom Brett oder in einen weiter außen liegenden Kreis zu schnipsen. Gleichzeitig soll seine Scheibe in einen möglichst weit innen liegenden Kreis platziert werden. Verfehlt Spieler 2 dabei die Scheibe von Spieler 1, wird seine Spielscheibe vom Brett entfernt.

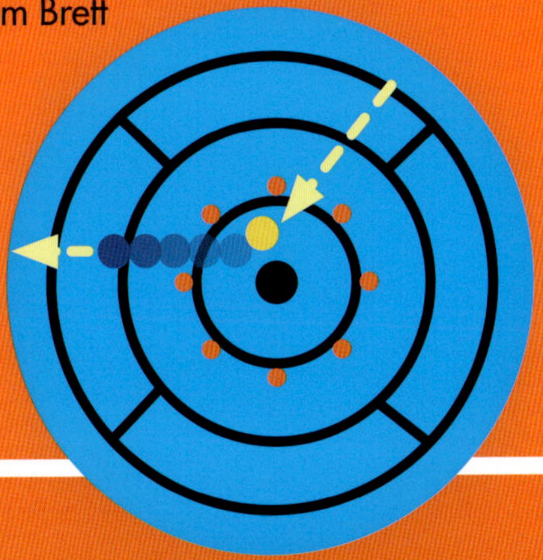

Crokinolen

Das Spiel wird auf die gleiche Weise fortgesetzt – immer die gegnerische Scheibe vom Feld schnipsen und die eigene möglichst nah am Mittelpunkt platzieren – bis beide Spieler all ihre 12 Scheiben geschnipst haben. Sind gegnerische Scheiben auf dem Spielfeld, muss mindestens eine davon getroffen werden, sonst wird die eigene Scheibe aus dem Spiel entfernt. Landet eine Scheibe auf dem Mittelpunkt, erhält der dazugehörige Spieler 20 Punkte und die Scheibe wird entfernt.

Spielende

Sind alle Scheiben gespielt, erfolgt die Abrechnung. Für die Spielscheiben, die noch auf dem Feld liegen, bekommen die Spieler Punkte entsprechend ihrer Lage in den jeweiligen Kreisen. Der Spieler mit der höchsten Punktzahl hat gewonnen.

MÜNZSPIELE

Tischfußball

1 Zwei Spieler stellen sich an den gegenüberliegenden Seiten eines Tischs auf. Zu Beginn legt ein Spieler eine Münze auf seine Seite des Tischs. Anschließend versucht er sie so auf die gegenüberliegende Seite zu schnipsen, dass sie genau über der Tischkante liegenbleibt. Schafft er dies nicht innerhalb von drei Versuchen, ist der andere Spieler an der Reihe.

Hier sollte die Münze landen.

2 Hat ein Spieler Schritt 1 geschafft, hat er einen Versuch, die Münze hochzuschnipsen und mit derselben Hand aufzufangen. Schafft er auch das, erhält er fünf Punkte. Schafft er es nicht, ist der andere Spieler an der Reihe und beginnt mit Schritt 1.

3 Schafft ein Spieler auch Schritt 2, kann er weitere 2 Zusatzpunkte erhalten, indem er die Münze auf der Tischplatte wie einen Kreisel dreht und sie dann während der Kreiselbewegung zwischen den Daumen zum Stehen bringt. Schafft er das nicht, ist der andere Spieler dran und beginnt mit Schritt 1.

4 Gelingt einem Spieler Schritt 3, formt der andere Spieler mit Daumen und Zeigefingern ein Tor. Der Spieler mit der Münze hält diese immer noch zwischen den Daumen und versucht sie über die Daumen des Gegenspielers zu schnipsen. Schafft er das, bekommt er zwei zusätzliche Punkte. Anschließend ist der andere Spieler an der Reihe. Gewinner ist derjenige, der in einer festgelegten Spielzeit die meisten Punkte erreicht.

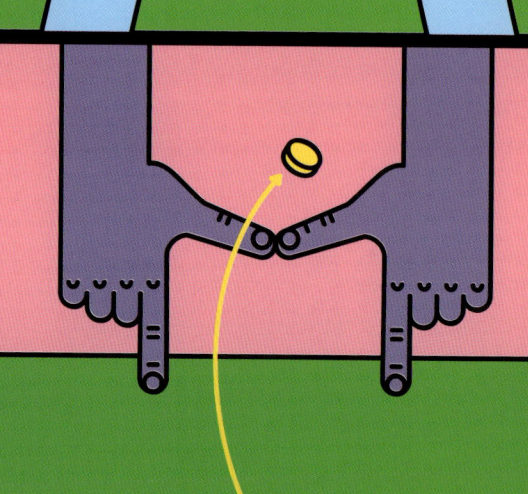

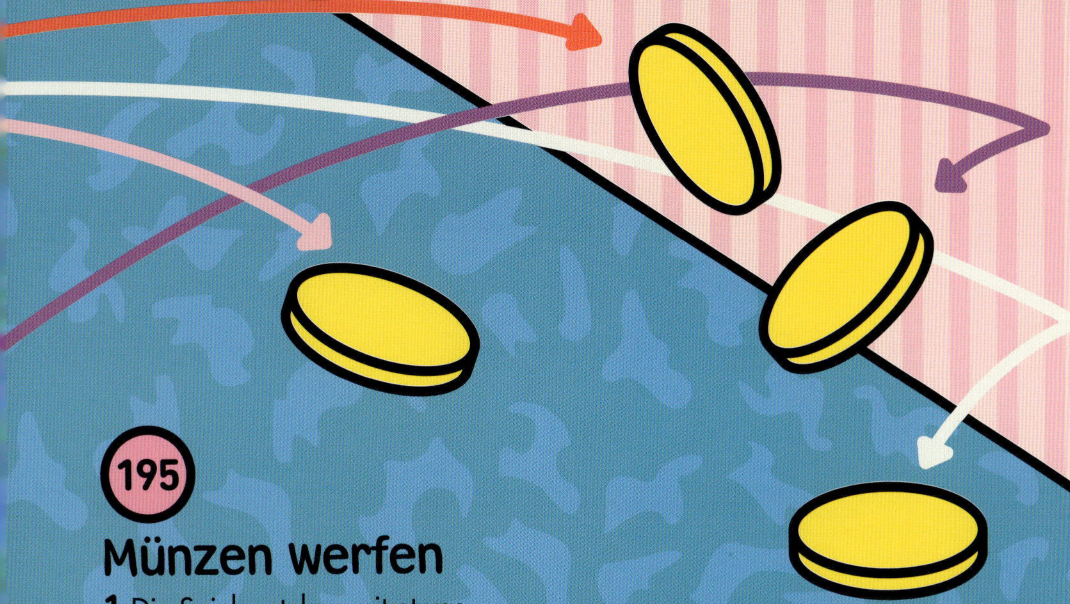

TOP TIPP
Für dieses Spiel
werden mindestens
zwei Spieler benötigt.
Jeder sollte mehr als
drei Münzen werfen
können.

195

Münzen werfen

1 Die Spieler stehen mit etwas Abstand vor einer Wand. Alle haben dieselbe Anzahl Münzen. Abwechselnd versucht jeder eine Münze so Richtung Wand zu werfen, dass sie möglichst nah davor liegenbleibt. Die Münzen dürfen nicht gerollt werden.

2 Nachdem jeder eine Münze geworfen hat, darf derjenige, dessen Münze der Wand am nächsten liegt, die anderen Münzen einsammeln und behalten.

3 Das Spiel geht auf die gleiche Weise weiter, bis ein Spieler alle Münzen hat und damit der Sieger ist.

196

Schätzen

1 Alle Spieler haben drei Münzen. Während sie beide Hände hinter dem Rücken halten, legen sie jeweils eine, zwei, drei oder gar keine Münze in die rechte Hand.

2 Nun streckt jeder Spieler die rechte Hand nach vorne aus. Jeder darf der Reihe nach schätzen, wie viele Münzen insgesamt in allen Händen liegen. Die geratene Anzahl muss jeweils unterschiedlich sein.

3 Nachdem jeder eine Zahl genannt hat, öffnen die Spieler ihre rechte Hand. Hat ein Spieler richtig geschätzt, hat er gewonnen und scheidet er aus. Das Spiel beginnt von Neuem.

Ich habe 6 gesagt!

Gut geraten!

Fadenkugel

Mit Wolle, Kleister und einem Luftballon entsteht eine hübsche Fadenkugel. Du kannst auch mehrere machen und sie zu einer Kette binden.

1 Blase einen Ballon auf und streiche ihn mit Kleister ein. Wickle Faden in verschiedenen Bahnen um den Ballon.

2 Warte bis der Kleber getrocknet ist, lass den Ballon platzen und deine Fadenkugel ist fertig!

197

Donut schnappen

Binde Fäden um die Donuts und hänge sie an einer langen Schnur auf. Versuche anschließend sie zu essen, ohne deine Hände zu Hilfe zu nehmen. Du kannst ein Wettessen daraus machen – wer ist als Erster fertig?

SPIEL UND SPASS

201

Fadengraffiti

Lege ein paar Fäden zu einem Muster auf ein Blatt Papier. Benutze eine Zahnbürste, um Farbe auf Papier und Fäden zu spritzen. Ist die Farbe getrocknet, kannst du die Fäden entfernen und das Fadenmuster auf dem Papier enthüllen.

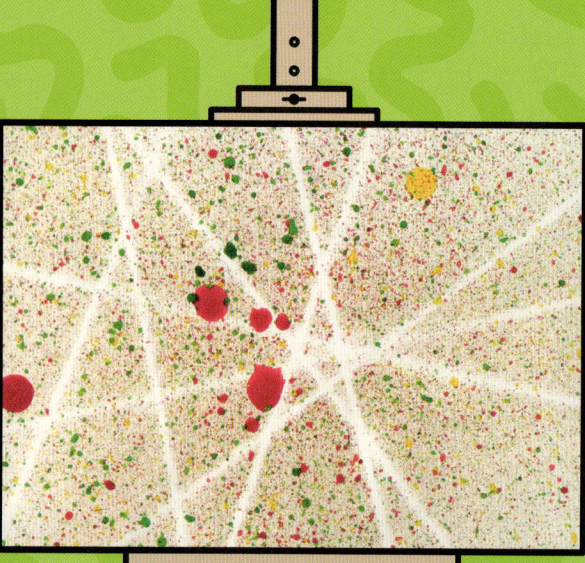

202

Fadenstöcke

Mit bunten Wollfäden kannst du aus Stöcken hübsche Dekorationsobjekte gestalten. Wickle die Wolle eng um den Stock. Verwende verschiedene Fäden und wechsle ab.

203

Fang die Spinnen

Befestige Fäden kreuz und quer in einem Wäschekorb und lege einige Plastikspinnen oder andere kleine Gegenstände hinein. Nun gilt es, die Spinnen mit Zangen oder Pinzetten aus dem Korb zu entfernen.

200 Eiswürfel-Trick

Mit einem Stück Faden kannst du ganz einfach einen Eiswürfel hochheben! Befeuchte den Faden, lege ihn über den Eiswürfel und füge ein wenig Salz hinzu. Warte eine Minute – der Eiswürfel sollte nun am Faden hängen!

Vergiss das Salz nicht – der Trick funktioniert sonst nicht.

Salz lässt das Eis schmelzen. Rund um den Faden gefriert es dann wieder.

199 Fadenkunst

Klebe farbige oder weiße Fäden in unterschiedlichen Formen auf ein Papier. Male nun die Formen und die Felder drumherum an. Die Fäden werden die Formen deines Bildes hervorheben.

MIT ... FÄDEN

204 Knüpfe ein Armband

Füge Wollfäden in unterschiedlichen Farben zu einem Freundschaftsband zusammen. Es sieht noch hübscher aus, wenn du Knoten und Perlen hineinbindest.

205 Limbo

Binde einen Faden zwischen zwei Gegenständen fest. Versuche dann mit nach hinten gebeugtem Rücken darunter durchzulaufen. Gelingt es dir? Auch wenn der Faden weiter unten befestigt wird?

ZZZZ ZZZZZ
ZZZZZZ ZZZZZ ZZZZZ
BZZZZ

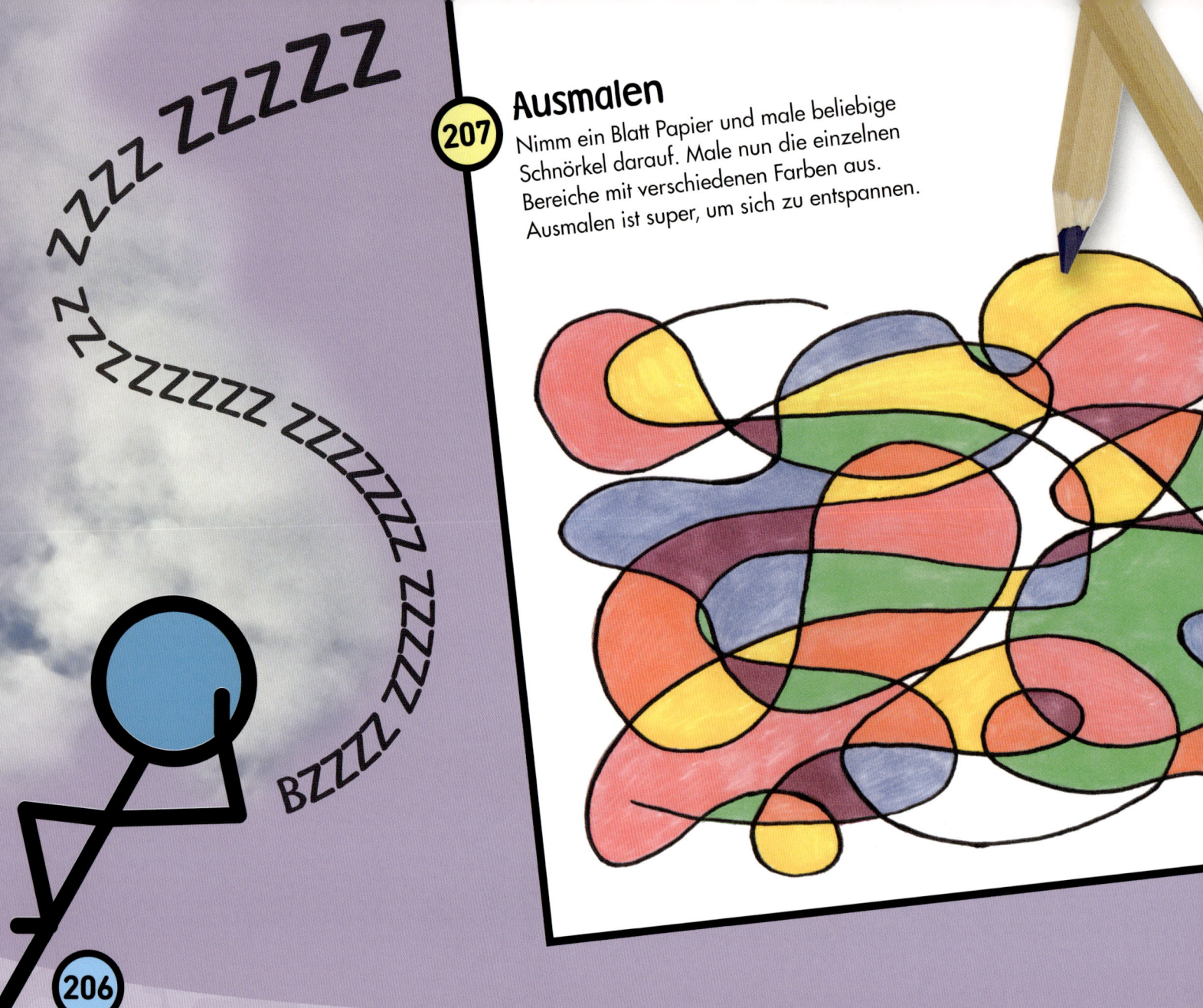

207 Ausmalen

Nimm ein Blatt Papier und male beliebige Schnörkel darauf. Male nun die einzelnen Bereiche mit verschiedenen Farben aus. Ausmalen ist super, um sich zu entspannen.

206 Atemübung

Eine gute Übung, um zur Ruhe zu kommen, ist es, sich auf seine Atmung zu konzentrieren.

1 Lege einen Finger auf deine geschlossenen Lippen und atme durch die Nase tief ein.

2 Atme dann durch den Mund aus und mach dabei das Geräusch einer summenden Biene. Fühle das Vibrieren auf deinem Finger.

3 Lege deine Hände auf die Ohren und summe, während du atmest. Höre auf das Summen in deinem Kopf!

ENTSPANNUNG

Fühlst du dich manchmal erschöpft oder gestresst? Die Übungen auf diesen Seiten helfen dir, dich zu entspannen. Mach sie, wann immer du etwas Zeit für dich brauchst! Danach solltest du dich fühlen, als wenn eine schwere Last von deinen Schultern genommen wurde.

209 Wolkenformen

Lege dich auf eine Wiese und betrachte die Wolken. Kannst du in den Formen der Wolken Dinge erkennen? Vielleicht ein Tier?

Ich kann eine Lokomotive sehen!

TOP TIPP

Nimm dir Zeit, dich auf dich selbst zu konzentrieren.

Lege die Hände neben die Füße.

208 Kindhaltung

Dies ist eine sehr einfache Yogaübung für zu Hause. Mach sie auf einer Yoga-matte oder einem Teppich.

1 Setze dich auf deine Fersen, die Zehen sollten sich berühren. Lass die Arme hängen.

2 Beuge dich nach vorn auf den Boden und strecke deine Arme nach vorn aus.

3 Lege deine Stirn auf die Matte und nimm die Arme nach hinten. Schließe deine Augen und entspanne.

210 Gekreuzte Arme

Dieser Trick sieht beeindruckend aus, ist aber gar nicht so schwierig. Wichtig ist der richtige zeitliche Bewegungsablauf. Beginne mit normalem Seilspringen. Anschließend musst du, während das Seil vor dir nach unten schwingt, deine Arme auf Höhe der Ellbogen kreuzen. Springe durch das Seil. Nimm für den nächsten Sprung die Arme wieder auseinander. Wie oft schaffst du das hintereinander?

SEILSPRINGEN – TRICKS UND SPIELE

Wenn dir das übliche Seilspringen zu langweilig ist, frage ein paar Freunde und versuche es mit diesen Techniken für Fortgeschrittene.

211 Helikopter

Eine Person steht in der Mitte und dreht ein langes Springseil im Kreis über dem Boden. Die anderen Spieler müssen darüber springen, wenn das Seil sie erreicht. Bleibt jemand am Seil hängen, scheidet er aus. Gewinner ist derjenige, der als Letzter übrig bleibt. Pass gut auf deine Füße auf!

TOP TIPP

Du musst nicht besonders hoch springen. Ein niedriger Sprung genügt, um über das Seil zu kommen.

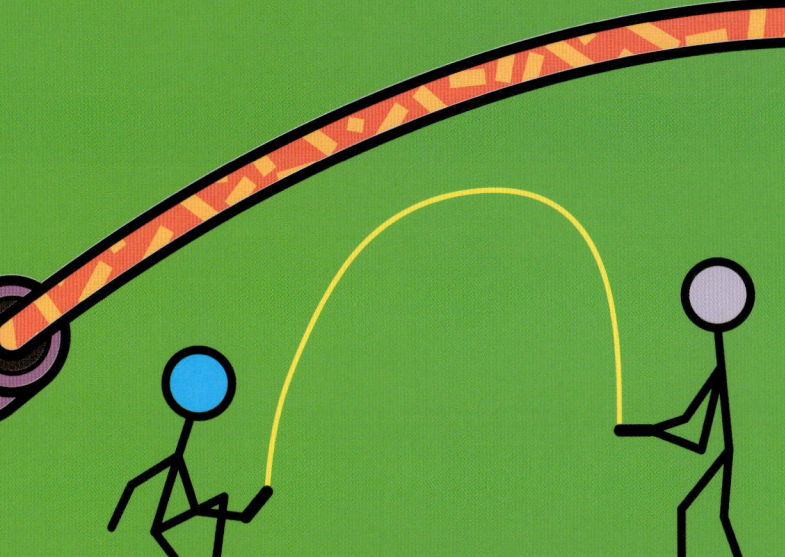

214

Komm runter

Schwinge mit einem Partner das Seil so lange, bis ihr einen guten Rhythmus habt. Versuche dann, dich langsam Richtung Boden zu bewegen – zuerst eine Hand, dann deine Knie, bis du auf dem Bauch liegst – das Seil muss dabei weiterschwingen. Anschließend gilt es, wieder aufzustehen, ohne dass das Seil hängenbleibt! Hast du das geschafft, ist dein Partner dran.

213

Zwei in einem

Bei dieser Technik brauchst du noch jemanden, der mit dir springt! Ihr steht euch gegenüber. Halte das Seil wie am Anfang eines normalen Sprungs. Schwinge das Seil über dich und deinen Freund und springt gleichzeitig darüber. Wie viele Sprünge schafft ihr, bevor ihr im Seil hängenbleibt?

212

Plantschspiel

Jeder Spieler bekommt einen Pappbecher, gefüllt mit derselben Menge Wasser. Zwei Personen beginnen, das Seil zu schwingen. Nun muss der erste Spieler mit seinem Becher in das Seil laufen, fünf Sprünge machen und das Seil wieder verlassen. Nachdem jeder Spieler einmal dran war, vergleicht die Wassermenge in euren Bechern. Derjenige mit dem höchsten Wasserstand hat gewonnen.

JO-JO-TRICKS

Jo-Jos sind großartige Spielzeuge – sie sehen cool aus, du kannst sie überallhin mitnehmen und die Technik ist schnell zu lernen. Folge den Tipps auf diesen Seiten und mit etwas Übung wirst du ein Jo-Jo-Profi.

Grundwurf

1 Am Anfang jedes Jo-Jo-Tricks musst du das Jo-Jo auf seiner Kante in der Mitte deiner Handfläche halten. Die Schlaufe der Schnur sollte um deinen Mittelfinger liegen.

2 Drehe deine Hand um und lass das Jo-Jo Richtung Boden fallen.

3 Erreicht das Jo-Jo das Ende der Schnur, ziehe vorsichtig daran, um das Jo-Jo wieder nach oben „klettern" zu lassen.

WUSSTEST DU DAS?

Jo-Jos gab es schon im alten Griechenland vor über 2000 Jahren!

Rund um die Erde

⚠️ Wirf das Jo-Jo vor dir waagerecht geradeaus. Erreicht es das Ende der Schnur, knicke dein Handgelenk ruckweise nach oben ab, sodass das Jo-Jo einen Kreis zeichnet. Ziehe es wieder zurück. Verletze niemanden!

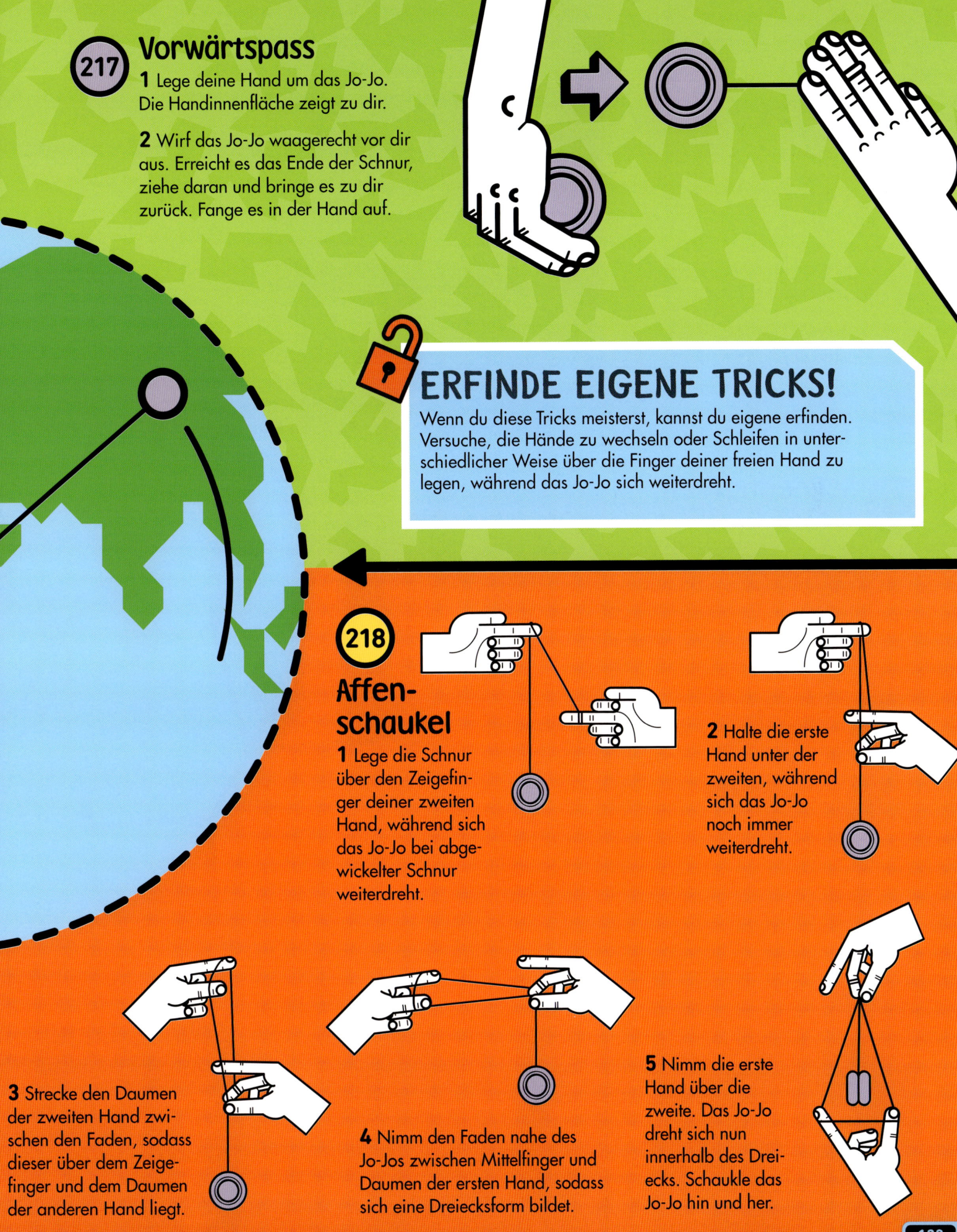

Vorwärtspass

217

1 Lege deine Hand um das Jo-Jo. Die Handinnenfläche zeigt zu dir.

2 Wirf das Jo-Jo waagerecht vor dir aus. Erreicht es das Ende der Schnur, ziehe daran und bringe es zu dir zurück. Fange es in der Hand auf.

ERFINDE EIGENE TRICKS!

Wenn du diese Tricks meisterst, kannst du eigene erfinden. Versuche, die Hände zu wechseln oder Schleifen in unterschiedlicher Weise über die Finger deiner freien Hand zu legen, während das Jo-Jo sich weiterdreht.

218

Affen-schaukel

1 Lege die Schnur über den Zeigefinger deiner zweiten Hand, während sich das Jo-Jo bei abgewickelter Schnur weiterdreht.

2 Halte die erste Hand unter der zweiten, während sich das Jo-Jo noch immer weiterdreht.

3 Strecke den Daumen der zweiten Hand zwischen den Faden, sodass dieser über dem Zeigefinger und dem Daumen der anderen Hand liegt.

4 Nimm den Faden nahe des Jo-Jos zwischen Mittelfinger und Daumen der ersten Hand, sodass sich eine Dreiecksform bildet.

5 Nimm die erste Hand über die zweite. Das Jo-Jo dreht sich nun innerhalb des Dreiecks. Schaukle das Jo-Jo hin und her.

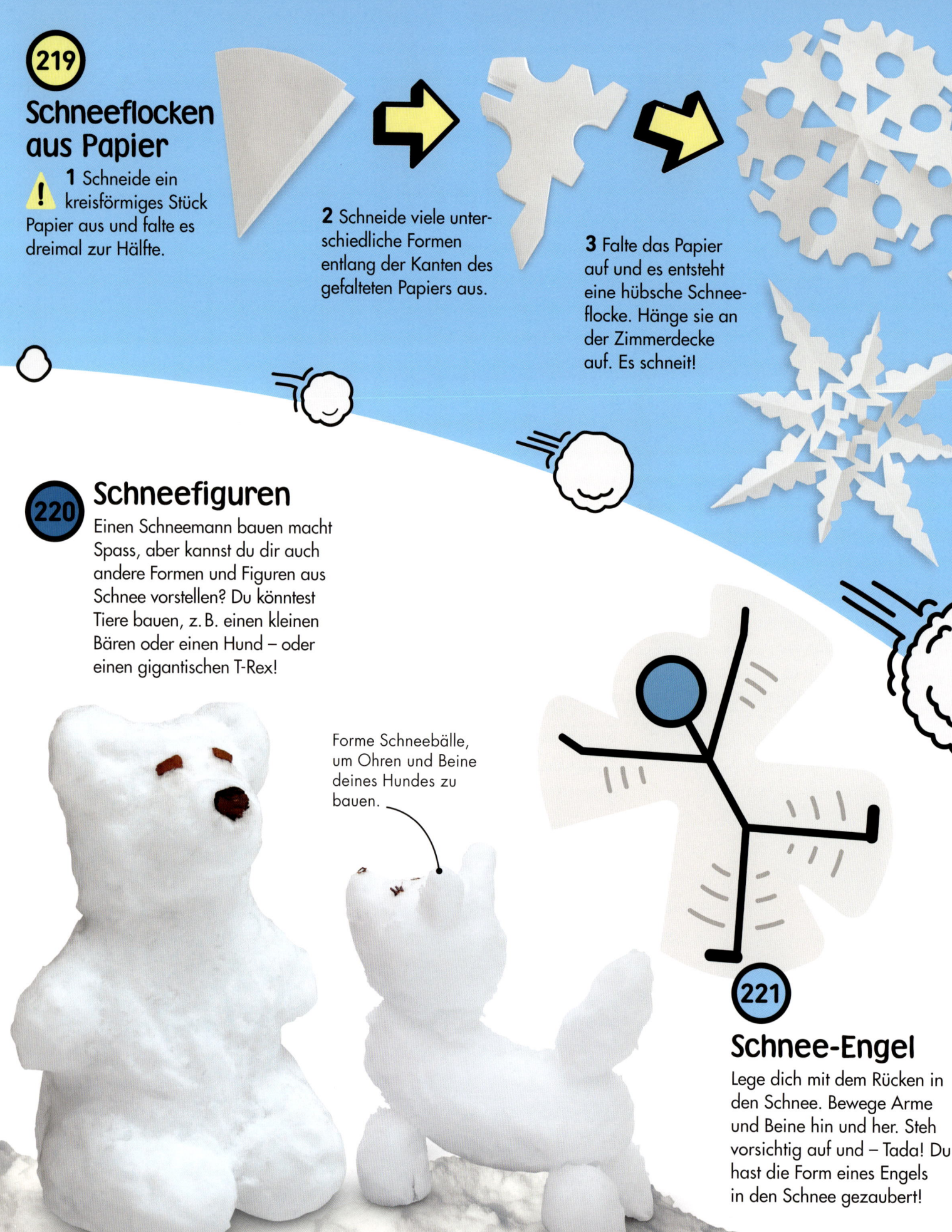

219

Schneeflocken aus Papier

⚠ **1** Schneide ein kreisförmiges Stück Papier aus und falte es dreimal zur Hälfte.

2 Schneide viele unterschiedliche Formen entlang der Kanten des gefalteten Papiers aus.

3 Falte das Papier auf und es entsteht eine hübsche Schneeflocke. Hänge sie an der Zimmerdecke auf. Es schneit!

220

Schneefiguren

Einen Schneemann bauen macht Spass, aber kannst du dir auch andere Formen und Figuren aus Schnee vorstellen? Du könntest Tiere bauen, z. B. einen kleinen Bären oder einen Hund – oder einen gigantischen T-Rex!

Forme Schneebälle, um Ohren und Beine deines Hundes zu bauen.

221

Schnee-Engel

Lege dich mit dem Rücken in den Schnee. Bewege Arme und Beine hin und her. Steh vorsichtig auf und – Tada! Du hast die Form eines Engels in den Schnee gezaubert!

(222) Bastle eine Schneekugel

Mit wenigen Materialien kannst du dein eigenes Winterwunderland in ein Schraubglas zaubern.

Du brauchst:

- Schraubglas mit Deckel
- Wasser
- Glitter
- Klebstoff oder Knete
- Spielzeugbaum

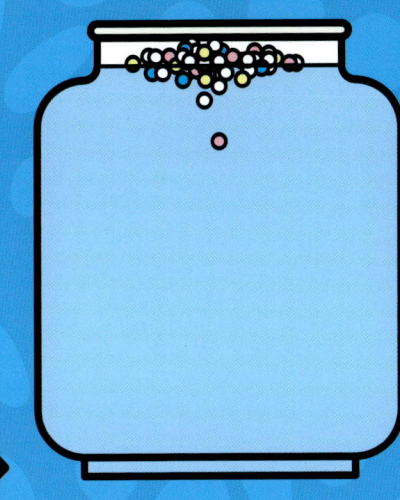

1 Fülle das Schraubglas fast vollständig mit Wasser und lass den Glitter hineinrieseln.

⚠ TOP TIPP

Fällt der Glitter zu schnell, gib einen Klecks Spülmittel ins Wasser.

2 Klebe den Spielzeugbaum mit Klebeband an die Innenseite des Schraubdeckels. Verschließe das Glas fest. Der Baum ist nun im Glas.

3 Drehe das Glas um und sieh, wie der Glitter um den Baum wirbelt!

SPASS MIT SCHNEE

(223) Schneeball-Laterne

⚠ Kinder in Skandinavien bauen an Weihnachten Schneeball-Laternen. Das kannst du auch. Türme Schneebälle draußen um eine Kerze oder Lampe auf, um eine magisch leuchtende Skulptur zu schaffen.

Hauptgebäude

Für den zentralen Bereich der Burg brauchst du einen großen Karton – je größer, umso besser!

1 Der Boden des Kartons muss zugeklappt sein – er bildet den Boden der Burg. Den Deckel schneidest du ab.

⚠️ Wolltest du schon immer einmal König oder Königin mit einer eigenen Burg sein? Hier ist die Anleitung, wie du dir eine eigene Festung aus Karton bauen kannst. Deine Feinde werden bei dem Anblick erblassen! Du brauchst viel Karton, Klebeband und ein bisschen Farbe.

2 Schneide oben Vierecke aus. So entstehen die Zinnen an der Oberseite der Burgmauern. Schneide dann in eine der Seiten ein Tor wie hier gezeigt. Achte darauf, dass die Außenseiten mit dem Karton verbunden bleiben.

3 Drücke das Tor von innen auf. Das Hauptgebäude der Burg ist nun fertig! Wenn du möchtest, kannst du noch Fenster hinzufügen.

Türmchen

Bastle Türmchen, um deine Burg noch eindrucksvoller zu gestalten.

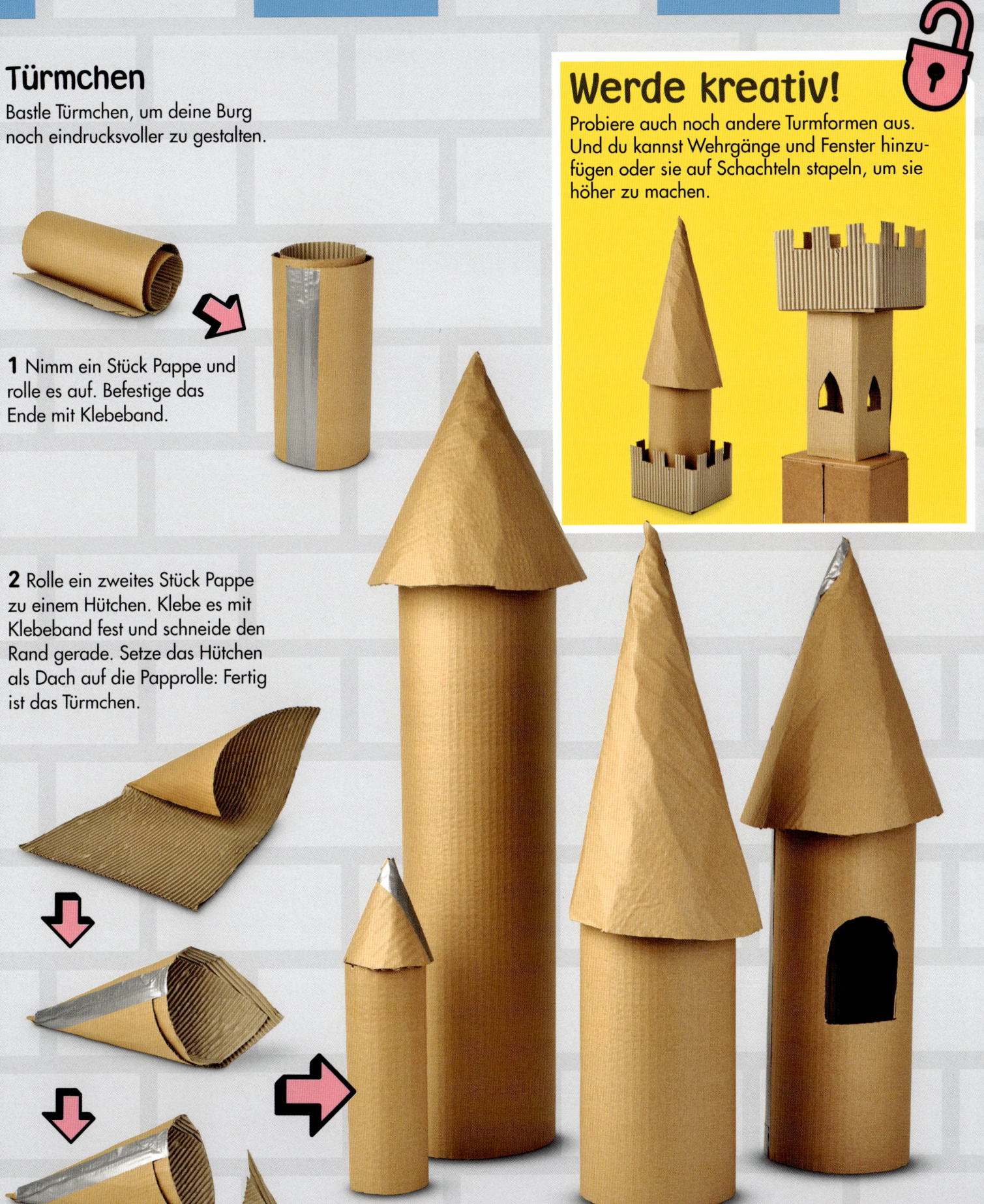

1 Nimm ein Stück Pappe und rolle es auf. Befestige das Ende mit Klebeband.

2 Rolle ein zweites Stück Pappe zu einem Hütchen. Klebe es mit Klebeband fest und schneide den Rand gerade. Setze das Hütchen als Dach auf die Papprolle: Fertig ist das Türmchen.

Werde kreativ!

Probiere auch noch andere Turmformen aus. Und du kannst Wehrgänge und Fenster hinzufügen oder sie auf Schachteln stapeln, um sie höher zu machen.

Auf der nächsten Seite siehst du, wie du die Burg zusammensetzt.

SETZE DIE BURG ZUSAMMEN ...

TOP TIPP
Wenn dir deine erste Burganlage nicht gefällt, kannst du sie jederzeit ändern, bis sie perfekt ist.

Ein hoher schmaler Pappkarton bildet einen Wehrturm.

1 Gestalte mit dem Hauptbau und den Türmchen eine Burganlage. Nimm Mauern und Schachteln unterschiedlicher Größe hinzu und kreiere deine Festung!

Bastle Burgmauern, indem du Zinnen in lange Kartonstreifen schneidest.

Schachteln sind hilfreich, um andere Teile der Burg daran zu befestigen.

Ein Rundbogen ist ein tolles Burgtor.

Verteidigung
Viele Elemente einer Burganlage wurden früher errichtet, um ihre Bewohner vor Feinden zu schützen. Die Zinnen der Festungsmauern dienten dazu, den Bogenschützen Deckung gegen feindliche Geschosse zu geben. Zur gleichen Zeit konnten sie selber durch die Lücken mit Pfeil und Bogen zielen.

2 Füge deiner Festung letzte Details hinzu, z. B. Fähnchen. Wenn du die Burg anmalst, wirkt sie noch echter!

Ein weiteres Stück Pappe könnte den Weg in die Burg weisen.

Gestaltest du die Mauern und Dächer in unterschiedlichen Farben, heben sie sich besser voneinander ab.

Fertige Dächer, indem du ein rechteckiges Stück Pappe zur Hälfte faltest.

Diese Fahne entsteht aus einem Pappdreieck, das an einem Stock befestigt wird.

Ein Backsteinmuster als Bemalung wirkt sehr realistisch.

... UND MALE SIE AN!

SEIFENBLASEN

Mit Seifenblasen kannst du jede Menge Spaß haben und sogar Kunstwerke entstehen lassen. Die meisten Dinge, die du dafür brauchst, findest du bei dir zu Hause. Du kannst eine Seifenblasenmischung aus dem Handel nehmen oder selbst welche herstellen.

225 Riesenseifenblasen

⚠️ Mische 1,5 l Wasser mit 450 ml Spülmittel und 200 ml Maissirup und lass die Mischung 4 Stunden lang stehen. Biege einen Drahtkleiderbügel in eine Kreisform und umwickle ihn mit Nähgarn. Biege den Aufhänger so, dass er als Griff dient. Tunke ihn in die Flüssigkeit und lass ihn durch die Luft rauschen!

226 Feste Seifenblasen

1 Mische 750 ml Wasser, 250 ml Spülmittel, 1 EL Glyzerin und 70 g Puderzucker, rühre vorsichtig um und lass die Flüssigkeit über Nacht stehen.

2 Ziehe einen Gummihandschuh an und puste vorsichtig eine Seifenblase durch einen Seifenblasenstab auf deine Hand.

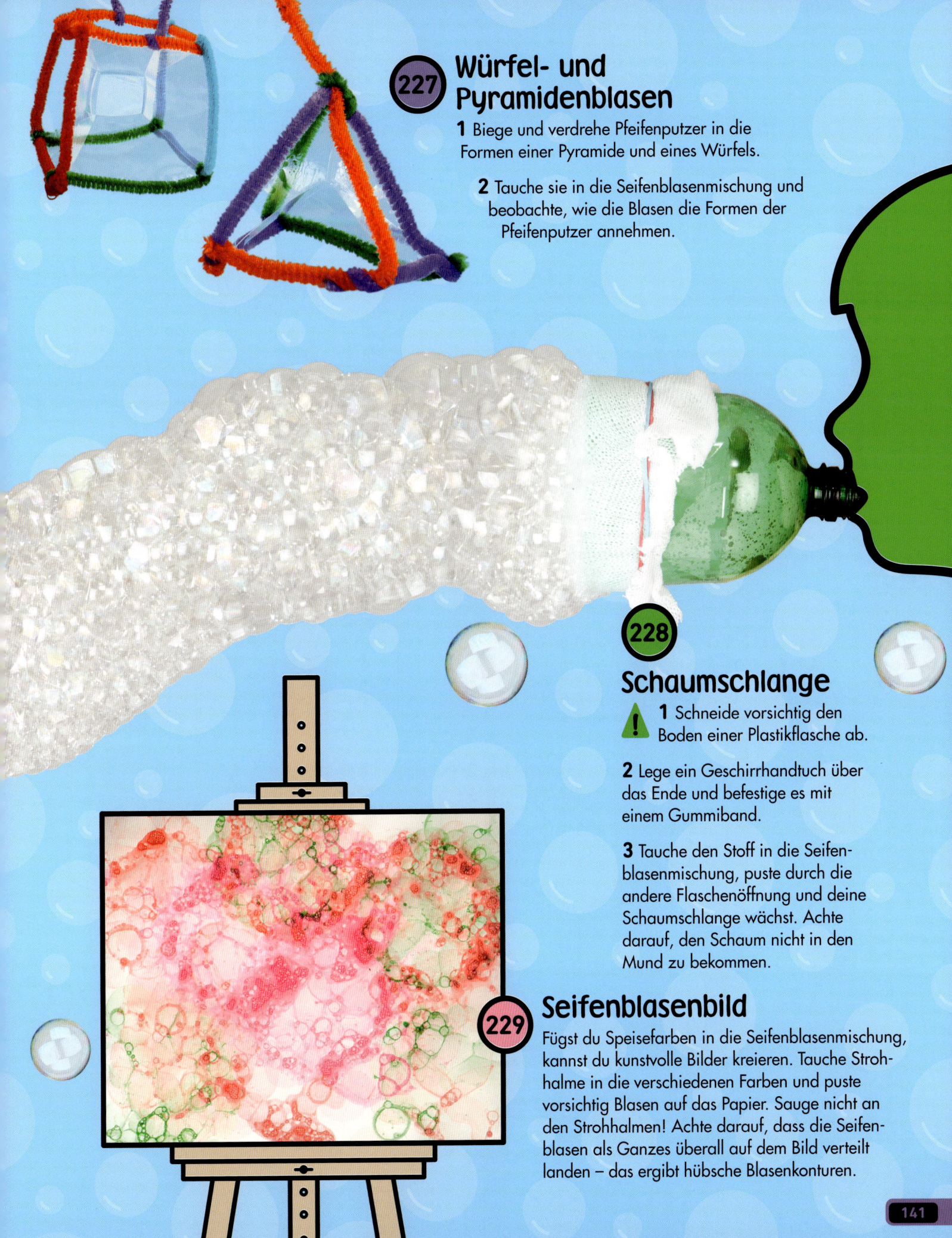

227 Würfel- und Pyramidenblasen

1 Biege und verdrehe Pfeifenputzer in die Formen einer Pyramide und eines Würfels.

2 Tauche sie in die Seifenblasenmischung und beobachte, wie die Blasen die Formen der Pfeifenputzer annehmen.

228 Schaumschlange

⚠️ **1** Schneide vorsichtig den Boden einer Plastikflasche ab.

2 Lege ein Geschirrhandtuch über das Ende und befestige es mit einem Gummiband.

3 Tauche den Stoff in die Seifenblasenmischung, puste durch die andere Flaschenöffnung und deine Schaumschlange wächst. Achte darauf, den Schaum nicht in den Mund zu bekommen.

229 Seifenblasenbild

Fügst du Speisefarben in die Seifenblasenmischung, kannst du kunstvolle Bilder kreieren. Tauche Strohhalme in die verschiedenen Farben und puste vorsichtig Blasen auf das Papier. Sauge nicht an den Strohhalmen! Achte darauf, dass die Seifenblasen als Ganzes überall auf dem Bild verteilt landen – das ergibt hübsche Blasenkonturen.

VERBUNDENE AUGEN

230 Blinde Tiere

⚠ **1** Bei diesem Spiel brauchst du die Hilfe eines Erwachsenen. Suche eine große Gruppe Freunde zusammen. Teilt euch in drei oder vier kleinere Gruppen auf.

2 Jeder Gruppe wird eine andere Tierart zugewiesen, z. B. Pferde, Löwen und Affen.

3 Allen, außer dem Erwachsenen, werden die Augen mit einem Tuch verbunden. Der Erwachsene verteilt nun die Spieler so im Raum, dass sie nicht mehr in ihren Gruppen stehen.

4 Nun müssen sich die Gruppen wieder zusammenfinden, indem jeder den Tierlauten seiner Mitglieder folgt. Das Team, das als Erstes wieder komplett ist, hat gewonnen.

231 Schlüsselwärter

1 Ein Spieler hat die Augen verbunden und sitzt auf einem Stuhl, unter dem ein Schlüsselbund liegt. Die anderen Spieler stehen in 3 m Abstand um den Stuhl.

2 Die Spieler versuchen nun den Schlüsselbund zu schnappen, ohne dass der Schlüsselwärter sie hört und auf sie zeigt.

3 Wenn dies einem Spieler gelingt, wird er der neue Schlüsselwärter.

232
Piñata

⚠️ Bastle deine eigene Party-Piñata! Fülle eine Papiertüte zu einem Drittel mit Süßigkeiten, der Rest wird mit Papierschnipseln ausgestopft und dann zugetackert. Dekoriere die Piñata mit buntem Papier. Mach ein kleines Loch in die Oberseite der Tüte und hänge sie mit einer Schnur auf. Verbindet euch im Wechsel die Augen und versucht, so mit einem Stock auf die Piñata einzuschlagen, dass die Süßigkeiten herausfallen. Jeder, der nicht an der Reihe ist, sollte Abstand halten.

234
Ferkel, quiek!

1 Alle Spieler sitzen im Kreis um eine Person, der die Augen verbunden sind.

2 Sie dreht sich dreimal im Kreis, deutet geradeaus und sagt: „Ferkel, quiek!"

3 Der gezeigte Spieler muss nun wie ein Ferkel quieken. Errät der Spieler mit der Augenbinde, wer es ist, tauschen die beiden Spieler ihren Platz.

Befestige ein wenig Klebeknete am Schwanz.

233
Einhorn ohne Schwanz

⚠️ Male ein Einhorn ohne Schwanz. Zeichne den Schwanz auf ein Stück Pappe und schneide ihn aus. Verbindet abwechselnd einem Spieler die Augen und dreht ihn im Kreis, bevor er versucht, dem Einhorn den Schwanz anzukleben.

235 Achtung, Spinne!

Mach ein Loch in einen Pappbecher und drehe ihn um. Schreibe eine Nachricht darauf, wie z. B. die hier gezeigte. Jeder, der darunter sieht, wird denken, die Spinne sei entkommen.

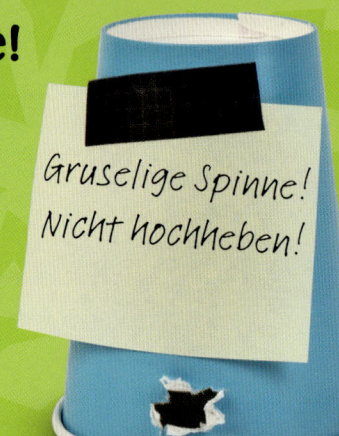

Gruselige Spinne! Nicht hochheben!

Igitt!

Patsch!

236 Iss Fliegen!

Quetsche ein paar Rosinen in eine saubere Fliegenklatsche. Kratze sie heraus und verspeise sie vor deinen Freunden – sie werden glauben, du isst Fliegen!

SPIELE EINEN STREICH

Hast du Spaß daran, andere Leute auszutricksen und zum Lachen zu bringen? Es kann sehr lustig sein, wenn Dinge anders laufen, als man erwartet. Hier sind ein paar Streiche, die du deinen Freunden spielen kannst.

237 Klopapiernachricht

Schreibe Botschaften auf eine Rolle Toilettenpapier, sodass die nächste Person, die es benutzt, eine unerwartete Nachricht erhält. Was ist die lustigste Botschaft, die dir einfällt?

Es ist hinter dir ...

Hier stinkt's!

238

Fototrick

Wenn du dich aus ungewöhnlichen Blickwinkeln fotografieren lässt, kannst du es so aussehen lassen, als würdest du verrückte Dinge machen, z. B. einen gigantischen Hund streicheln. Ob dir deine Freunde das glauben?

239

Ausgelaufen!

1 Bastle ein scheinbar ausgelaufenes Getränk mit einem Pappbecher, Strohhalm, Flüssigkleber und einem Teller. Warte bis der Kleber trocken ist.

Füge Speisefarbe zum Kleber hinzu, damit er wie Saft aussieht.

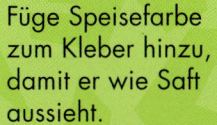

2 Ziehe alles vom Teller ab und lass den Becher dort liegen, wo du andere erschrecken kannst.

240

Dusche gefällig?

⚠️ **1** Benutze einen spitzen Gegenstand und stich winzige Löcher in den unteren Bereich einer Plastikflasche ein. Halte die Flasche über ein Spülbecken, fülle sie mit Wasser und schraube schnell den Deckel zu.

Nicht öffnen!

2 Schreibe „Nicht öffnen" auf ein Schild und klebe es auf die Flasche. Lass sie draußen stehen, wo jemand sie sehen kann. Öffnet dieser die Flasche, wird er eine überraschende Dusche bekommen, da das Wasser dann aus den Löchern spritzt.

Da stand: „Nicht öffnen!"

SINNESTEST

Prüfe deine Sinne mit scheinbar einfachen, aber doch sehr kniffligen Tests. Nimm nur deine Hände, Ohren, Nase und deinen Verstand zur Hilfe. Findest du heraus, was in der Schachtel ist?

(241) Fühltest

Bei der ersten Prüfung benutzt du nur deinen Tastsinn, um zu bestimmen, welcher geheimnisvolle Gegenstand in der Schachtel ist. Achtung – es ist schwieriger, als es klingt!

⚠ 1 Nimm eine beliebig große Pappschachtel. Schneide ein großes Loch in eine Längsseite und ein kleineres Loch in eine Querseite.

TOP TIPP

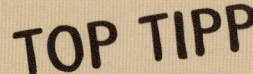

Wenn du Handschuhe trägst, ist es noch schwieriger.

2 Lass jemanden einen Gegenstand in die Schachtel legen. Fasse anschließend hinein und versuche nur durch Fühlen zu erraten, um was für einen Gegenstand es sich handelt. Die andere Person kann deine Hände durch das Loch in der Seite beobachten.

Je seltsamer sich der Gegenstand anfühlt, umso besser!

243 Hör genau hin

Bitte einen Freund, einen bruchfesten Gegenstand in eine Schachtel ohne Löcher zu legen und sie zu verschließen. Kannst du durch Schütteln der Schachtel und anhand des entstehenden Geräusches erraten, um was für einen Gegenstand es sich dabei handelt?

TOP TIPP
Auch das Gewicht der Schachtel könnte einen Hinweis geben.

Klonk!

Rüttel!
Rüttel!

242 Nach was riecht es?

⚠ Benutze erneut die Schachtel mit den Löchern an zwei Seiten. Lass dir von jemandem die Augen verbinden und bitte ihn darum, etwas stark Riechendes in die Schachtel zu legen. Nun schnuppere mal – von was kommt dieser Geruch?!

244 Rate mal ...

Bitte jemanden darum, einen Gegenstand in die Schachtel ohne Löcher zu legen. Du musst raten, was es ist. Deine Fragen dürfen aber nur mit „Ja" oder „Nein" beantwortet werden. Findest du es mit weniger als 20 Fragen heraus?

Kann man es essen?

Ist es ein Spielzeug?

Kann man es anziehen?

㉔㊄ GESTALTE EINE ZEITUNG

Viele Menschen lesen Zeitung, aber hast du schon mal daran gedacht, selbst eine zu schreiben? Hier sind einige Ideen, was du zu einer guten Ausgabe beitragen könntest. Mit ein paar Freunden als Unterstützung macht es noch mehr Spaß. Sind die Geschichten fertig, ordne die Texte an, füge Fotos hinzu und verteile die erste Ausgabe an deine Leser.

Ein guter Reporter

Ein Reporter ist jemand, der die Geschichten für eine Zeitung schreibt. Hier sind ein paar Tipps, die du bei deiner Arbeit als Reporter beachten solltest:

- Neugier: Um gute Geschichten zu finden, musst du neugierig sein – höre nicht auf, Fragen zu stellen und Antworten zu suchen.

- Zuhören: Halte die Ohren offen. So bekommst du neue Hinweise.

- Gib nicht auf! Es kann lange dauern, eine gute Geschichte zu verfassen. Bleib dran!

- Schreiben: Achte darauf, dass die Texte für deine Leser leicht zu verstehen sind.

ESSENSDIEB AUF FREIEM FUSS!

Gute Überschriften erregen Aufmerksamkeit.

Finde eine Geschichte

Um eine ganze Zeitung zu füllen, brauchst du ziemlich viele Geschichten. Mach dich auf den Weg, um Themen zu finden. Vielleicht ist etwas Spannendes in deiner Nachbarschaft passiert, worüber du schreiben könntest? Aufregende Ereignisse ergeben gute Beiträge. Oder könntest du jemanden aus deiner Familie interviewen? Halte deine Artikel kurz!

Sportreport

Die meisten Zeitungen haben einen Sport-
teil. Besuche eine Sportveranstaltung und
beobachte genau, was dort passiert. Sicher
möchtest du den Punktestand und spannende
Ereignisse in deine Reportage einbinden. Du
kannst auch Fotos machen, um den Lesern die
spannenden Momente zu zeigen.

Schreibe eine Kritik

Kritiken bieten Lesern eine gute Möglichkeit, zu entscheiden, ob sie einen bestimmten Film sehen oder ein
Buch lesen wollen. Eine Kritik beschreibt einen Film oder
ein Buch und äußert eine Meinung darüber, ohne zu
sehr ins Detail zu gehen. Wenn du in letzter Zeit nicht
im Kino warst, kannst du auch über einen
Fernsehfilm schreiben.

TOP TIPP
Versuche in deiner Kritik nicht zu
viel vorwegzunehmen – du darfst
der Geschichte nicht die Spannung
nehmen, indem du den Lesern zu
viel verrätst!

Kummerkasten

Bist du gut darin, anderer Leute Probleme zu lösen?
Dann plane in deiner Zeitung etwas Platz für eine
Kummerkasten-Spalte ein. Hier kannst du Fragen
deiner Leser beantworten, wie z. B. „Ich glaube,
mein Freund ist traurig. Was kann ich tun, um ihn
aufzumuntern?" Die besten Antworten sind sowohl
hilfreich als auch lustig.

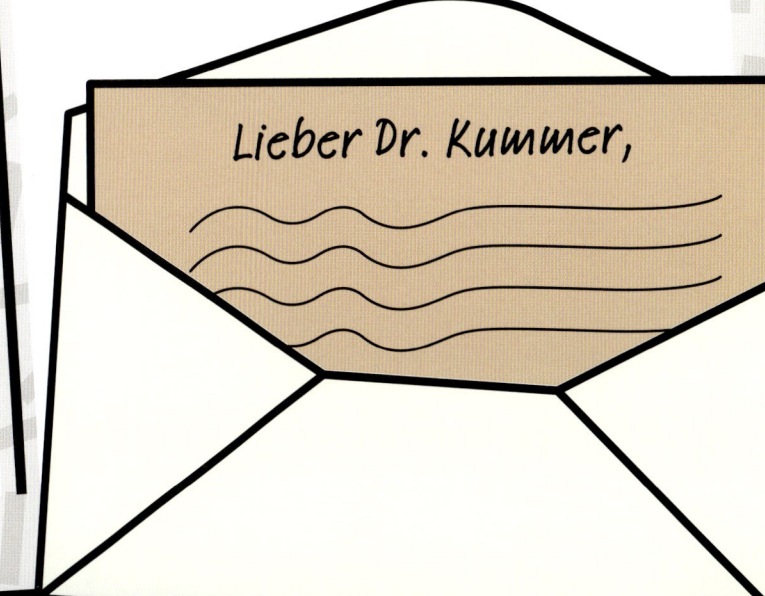

Lieber Dr. Kummer,

246 JONGLIEREN

Jonglieren erfordert eine hohe Konzentration und eine gute Koordination. Wenn man es beherrscht, sieht es fantastisch aus. Hier eine Anleitung für das Jonglieren mit einem, zwei oder sogar drei Bällen.

2 Wirf nun den Ball von der linken in die rechte Hand zurück. Wiederhole dies, bis du einen schönen Bogen von rechts nach links und wieder zurück schaffst.

Jonglieren mit einem Ball

1 Wirf den Ball in einem sanften Bogen von der rechten (wenn du Rechtshänder bist) in die linke Hand. Der höchste Punkt des Bogens sollte etwa auf Augenhöhe sein.

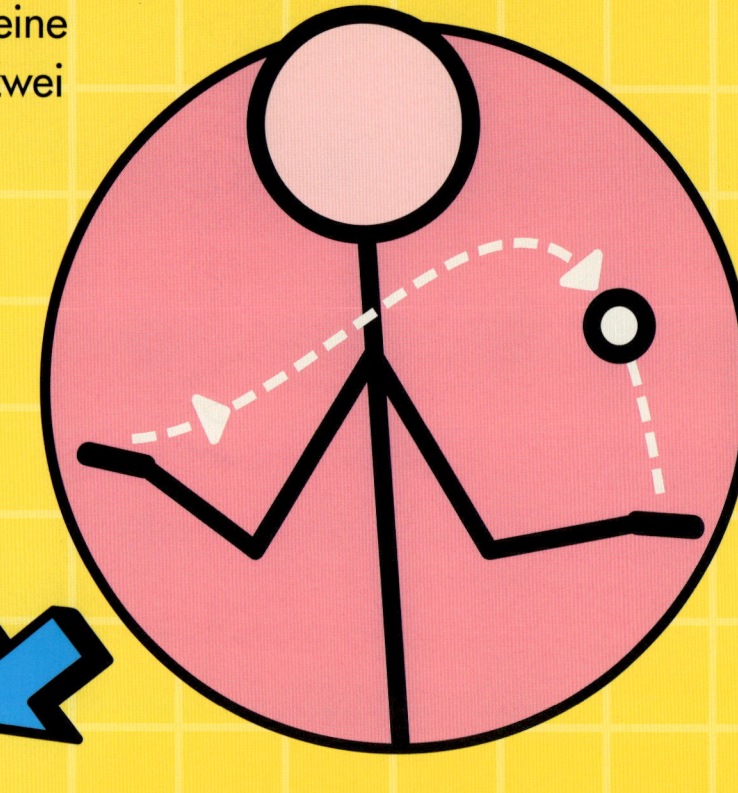

WUSSTEST DU DAS?

Der Weltrekord im Jonglieren mit den meisten Bällen gleichzeitig liegt bei 11 Bällen.

Jonglieren mit zwei Bällen

Wenn du sicher mit einem Ball jonglieren kannst, füge einen zweiten hinzu. Hat dein erster Ball die höchste Stelle des Bogens erreicht, wirf den zweiten Ball in den Bogen des ersten. Übe dies, bis du beide Bälle gleichzeitig jeweils werfen und fangen kannst.

TOP TIPP

Du kannst nicht alle Bälle gleichzeitig im Blick behalten. Konzentriere dich auf einen Punkt in der Mitte.

Jonglieren mit drei Bällen

1 Füge einen dritten Ball hinzu. Halte zwei Bälle in deiner rechten Hand und einen links.

2 Wirf die ersten beiden Bälle wie zuvor. Wenn der zweite auf Augenhöhe ist, wirf den dritten Ball in den Bogen.

3 Hat der dritte Ball den höchsten Punkt erreicht, wirf den ersten Ball erneut und beginne den Ablauf von vorn. Und nun kommt der knifflige Teil: Fahre immer so fort!

Jonglieren für Fortge- schrittene

Wenn du mit drei Bällen jonglieren kannst, suche dir neue Herausforderun- gen und jongliere z. B. mit Keulen. Oder du probierst aus, mit wie vielen Bällen du gleichzeitig jonglieren kannst.

151

247

Feuerspucker

⚠️ Aus sieben Pappbechern kannst du dir einen tollen Drachen basteln. Stich mit einem spitzen Stift kleine Löcher in die Seiten jedes Bechers. Verwende Musterklammern, um die einzelnen Becher zusammenzuhalten. Klebe dem ersten Kulleraugen auf, male Maul und Nase mit einem wasserfesten Stift und benutze weißes Papier für die Zähne. Klebe zuletzt noch Pfeifenputzer an die Nasenlöchern.

248

Blumenzucht

Fülle einen Becher mit Erde und Samen. Gieße regelmäßig und beobachte deine Pflanze beim Wachsen. Mach ein Loch in den Boden, damit das Wasser abfließen kann.

SPIEL UND SPASS

252

Zielwurfbecher

Schreibe Nummern auf Becher und stelle sie in einem gewissen Abstand auf. Triffst du mit einem Ball in einen Becher, addiere die Punkte. Spiele gegen einen Freund!

50

20

10

5

253

Haarreifdekoration

⚠️ Schneide Zacken in den Becherrand und klebe Pompons auf die Spitzen. Befestige dann den Becher an einem Haarreif und schon ist dein Krönchen fertig.

254

Meeresbewohner

⚠️ Mit ein bisschen Farbe und einer Schere kannst du einen Pappbecher in einen achtarmigen Tintenfisch verwandeln! Rolle die Papptentakeln mithilfe eines Stifts auf und male dem Tier Augen und ein Lächeln.

250 Bechertelefon

Bohre jeweils ein Loch in den Boden zweier Becher. Nimm eine lange Schnur und ziehe jedes Ende durch ein Loch. Verknote die Schnur. Wenn du die Schnur straff ziehst und in den Becher sprichst, wird dein Freund dich im anderen Becher hören.

Kreisch!

249 Rumba-Rassel

Fülle einen Becher mit getrockneten Bohnen oder Reis. Setze einen zweiten verkehrt herum darauf und klebe die beiden Becher mit Klebeband zusammen. Bemale die Becher – fertig sind deine Maracas!

251 Bechernasen

Male die Nasen und Schnäbel verschiedener Tiere auf weiße Pappbecher. Setze dir die Becher auf die Nase und verwandle dich in die lustigen Tiere!

MIT ... PAPPBECHERN

256 Becherflip

Stelle einen Becher auf die Kante eines Tischs. Schnipse mit dem Finger gegen den Boden des Bechers, um ihn in einem Salto fliegen zu lassen. Gelingt es dir einige Becher auf diese Weise ineinanderzustapeln?

Der Becher sollte sich in der Luft einmal kopfüber drehen.

255 Pompon-Popper

⚠️ Schneide den Boden eines Bechers und den oberen Teil eines Luftballons ab. Mach einen Knoten in das Ende des Luftballons und stülpe ihn über die Becherunterseite. Lege Mini-Pompons in den Becher und ziehe an dem Knoten.

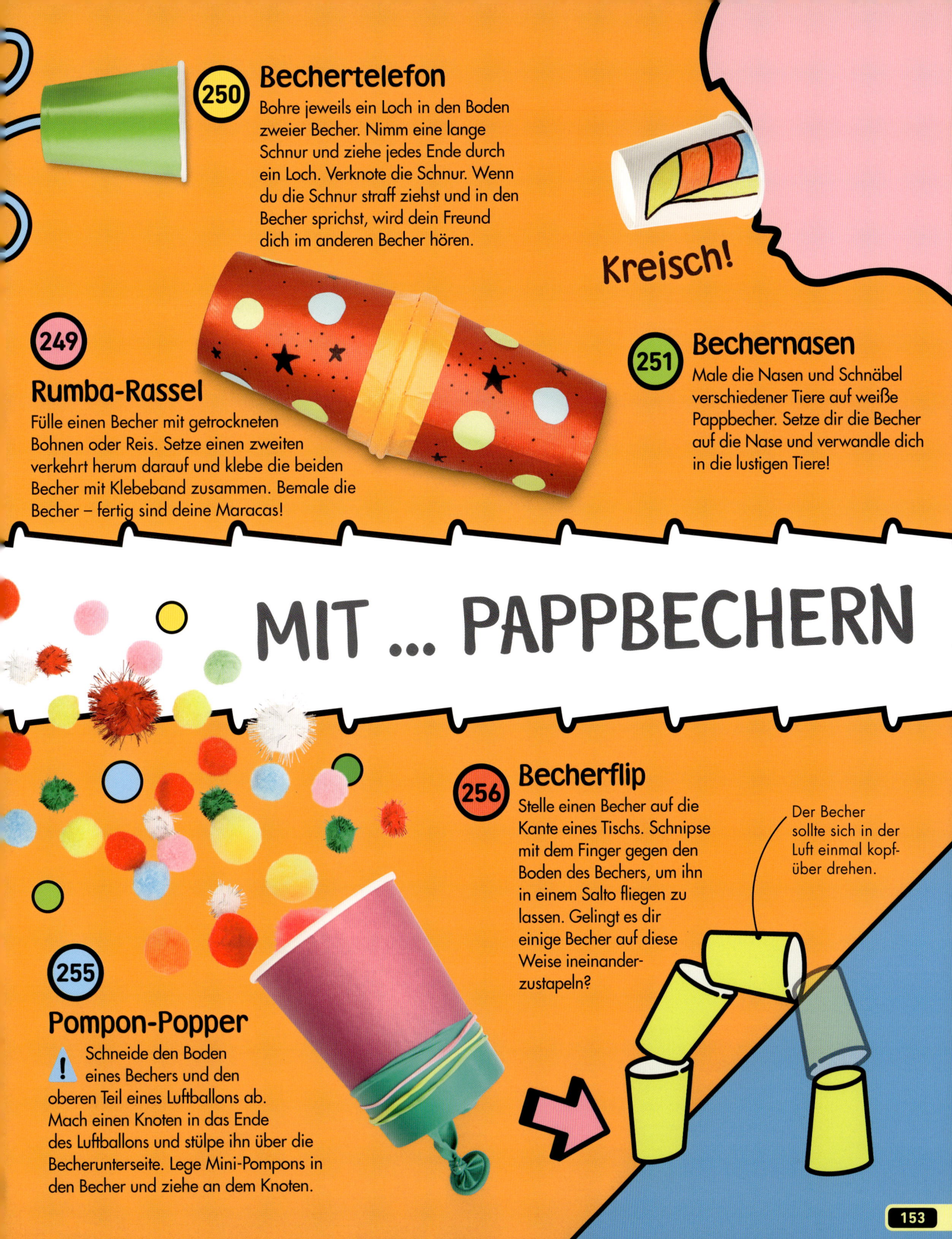

GLOSSAR

Allergie
Wenn bestimmte Nahrungsmittel oder Materialien eine Person krank machen.

Anweisungen
Informationen, wie etwas getan werden muss.

Batik
Färbetechnik von Stoffen, die bunte Muster hervorruft.

Boule
In Frankreich beliebtes Spiel, bei dem schwere Kugeln in Richtung eines kleinen Zielballs geworfen werden.

Brettspiel
Gesellschaftsspiel, das oft mit Spielsteinen auf einem Spielplan oder -brett gespielt wird, im Gegensatz zu z. B. Kartenspielen oder Bewegungsspielen.

Charakter
Figur in einer Geschichte.

Crokinole
Beliebtes kanadisches Brettspiel, bei dem Scheiben so nah wie möglich in den Mittelpunkt des Bretts geschnipst werden müssen.

Dame
Spiel für zwei Personen, bei dem runde Spielsteine über ein schwarz-weißes Brett bewegt werden.

Domino
Legespiel, das mit kleinen rechteckigen Steinen gespielt wird, die auf zwei Seiten Würfelaugen von 1–6 zeigen und passend aneinandergelegt werden sollen.

Duett
Musikstück, das von zwei Musikern vorgetragen wird.

Entfesselung
Kunst, sich aus einer kniffligen Umgebung zu befreien.

Ernte
Wenn Früchte oder Gemüse zum Verzehr oder zur Weiterverarbeitung gepflückt oder ausgegraben werden.

Experiment
Wissenschaftlicher Versuch, um herauszufinden, wie etwas funktioniert.

Fantasie
Kreative Fähigkeit, sich etwas auszudenken.

Gattung
Art einer Geschichte, wie z. B. eine Abenteuererzählung oder ein Märchen.

Gegner
Person, die im Spiel gegen dich spielt.

Golf
Spiel, bei dem ein Ball mithilfe eines besonderen Schlägers in ein Loch geschossen wird.

Grenzlinie
Linie, die üblicherweise nicht überschritten werden soll.

Hindernis
Etwas, das den Weg versperrt.

Illusion
Etwas, das anders ist, als es scheint.

Inszenierung
Aufführung eines Theaterstücks, um Leute zu unterhalten.

Jonglieren
Mehrere Bälle oder Gegenstände werden bogenförmig in die Luft geworfen und wieder aufgefangen.

Kartenspiel
Spiel, das mit einem Satz rechteckiger Karten gespielt wird, die Bilder, Symbole und/oder Zahlen zeigen.

Kompass
Navigationsgerät, das die Himmelsrichtungen Nord, Süd, West und Ost zeigt.

Kompost
Ein nährstoffreiches Material, das entsteht, wenn man Pflanzenreste und bestimmte Küchenabfälle verrotten lässt. Wird dem Erdboden zugesetzt, um das Pflanzenwachstum zu fördern.

Kunde
Person, die etwas in einem Geschäft kauft.

Laser
Gebündelter Lichtstrahl in einer Farbe des Lichts. Laserstrahlen können vielseitig eingesetzt werden, z. B. als Lichtzeiger, zum Auslesen von CDs oder – mit viel Energie – sogar zum Schneiden.

Lava
Heißes, flüssiges Gestein.

Legende
Erklärung der verschiedenen Symbole auf einer Landkarte.

Moodboard
Arbeitsmittel, um Ideen zu sammeln und zu präsentieren.

Origami
Die Kunst, Papier in Figuren zu falten.

Parcours
Strecke mit einer bestimmten Abfolge von Hindernissen oder Sportgeräten.

Pharao
Titel der Herrscher im alten Ägypten.

Pompons
Bälle aus Wollfäden zur Dekoration.

Probe
Gegenstand, der als Forschungsgrundlage gesammelt wurde, z. B. ein Gestein.

Publikum
Gruppe von Personen, die eine Aufführung ansieht.

Punktestand
Anzahl der Punkte, die jede Person oder jedes Team in einem Spiel gewonnen hat.

Rätsel
Frage, die in verwirrender Weise formuliert wird und die eine schlaue oder lustige Antwort erfordert.

Recycling
Verfahren, bei dem Müll wiederverwertet wird.

Regeln
Vorgaben, wie ein Spiel funktioniert.

Requisiten
Gegenstände, die bei einer Aufführung auf der Bühne verwendet werden.

Schach
Spiel für zwei Spieler, die unterschiedliche Figuren über ein schwarz-weißes Spielbrett bewegen.

Schachmatt
Ausdruck, der bei einem Schachspiel besagt, dass der gegnerische König in einer Position steht, aus der er durch keinen Zug entkommen kann.

Schwimmnudel
Lange biegsame Stange aus Schaumstoff, die in Schwimmbädern als Schwimmhilfe benutzt wird.

Sternbild
Gruppierung von Sternen, die am Nachthimmel zu sehen ist.

Strategie
Plan, um ein Spiel zu gewinnen.

Streich
Handlung, mit der andere geneckt oder getäuscht werden.

Styropor
Weißes Kunststoffmaterial, das oft als Verpackung benutzt wird.

Symbol
Ein Gegenstand oder eine Figur, die als Zeichen für etwas anderes verwendet wird und dieses verbildlicht, z. B. ist ein Herz das Symbol für die Liebe.

Unentschieden
Wenn kein Spieler gewinnt oder verliert.

Verteidiger
Spieler, der versucht, die gegnerischen Spieler davon abzuhalten, Punkte zu machen oder zu gewinnen.

Wettkampf
Aktivität, bei der Menschen gegeneinander spielen oder antreten, um zu gewinnen.

Würfel
Geometrischer Körper mit sechs gleich großen Seiten. Auf den Seiten können jeweils verschiedene Farben, Symbole oder eine unterschiedliche Anzahl an Punkten von 1 bis 6 zu sehen sein.

Zeitkapsel
Hohler, mit verschiedenen Dingen gefüllter Gegenstand, meist aus Metall, der erst in ferner Zukunft geöffnet werden soll.

Lektorat Sam Priddy, Amina Youssef, Lizzie Davey, Marie Greenwood, Elise Middleton, Allison Singer, Kathleen Teece, Laura Gilbert, Sarah Larter
Gestaltung und Bildredaktion Joanne Clark, Bettina Myklebust Stovne, Victoria Clark, Katie Knutton, Lucy Sims, Diane Peyton Jones, Helen Senior
Umschlaggestaltung Francesca Young, Joanne Clark, Sabine Hüttenkofer
Herstellung Dragana Puvacic, Isabell Schart
Umsetzung Kreativprojekte Jemma Westing, Kate Bull
Fotos Lol Johnson, Richard Leeney
Illustrationen Peter Judson

Für die deutsche Ausgabe:
Programmleitung Monika Schlitzer
Redaktionsleitung Martina Glöde
Projektbetreuung Janna Heimberg
Herstellungsleitung Dorothee Whittaker
Herstellungskoordination Bettina Bähnsch
Herstellung Sabine Hüttenkofer

Titel der englischen Originalausgabe:
Unlock your Imagination

Übersetzung Dr. Claudia Wagner
Lektorat Julia Reindl

ISBN 978-3-8310-3827-5

Druck und Bindung Leo Paper Products, China

MIX
Papier aus verantwortungsvollen Quellen
FSC® C020056
www.fsc.org

www.dorlingkindersley.de

über den Illustrator

Peter Judson ist ein Illustrator und Grafiker aus London (Großbritannien). Er hat für Galerien wie die Tate Modern und Firmen wie Nike gearbeitet. In seiner Freizeit findest du ihn häufig im Stadion Selhurst Park, wo er zusieht, wie sein geliebter Fußballverein Crystal Palace FC verliert. Dies ist sein erstes Kinderbuch.

Der DK Verlag dankt:

Shannon Beatty, Barbara Campbell und Brandi Larsen für ihre redaktionelle Unterstützung; Jim Green für die Hilfe bei der Gestaltung; Helen Peters für das Register; Claire Summerscale für die Kontrolle der Schachseiten und Anne Damerell für ihre Hilfe bei rechtlichen Fragen.

Bildnachweis